これが 哲学者

アリストテレス
孔子
ヘーゲル
ベーコン
（経験論）
外向き
ロック
ダーウィン
ヒューム
ソシュール
マキャベリ
ストア派
マルクス
レヴィ=ストロース
ダーウィンゾーン

聖書を読んだら哲学がわかった

キリスト教で解きあかす
「西洋哲学」超入門

MARO
（上馬キリスト教会ツイッター部）

日本実業出版社

はじめに
――哲学をやるのに聖書を読まないのはもったいない！

「哲学って興味はあるんだけど、本を読んでみてもちっともわからない」「大学で少し哲学を勉強したんだけど、さっぱりわからなかった」そんな声をよく聞きます。
哲学って「興味はあるんだけどわからない」って人がとても多い学問です。「孔子とか老子とかの東洋思想は理解できるんだけど、西洋哲学はわからない」という声も聞きます。
この本、始まってまだ数行ですけど、だからこそいきなり思い切って結論を言ってしまいます。

それ、聖書を読んでないからですよ‼

え？　聖書ってキリスト教の本でしょ？　ってことは宗教の本でしょ？　だったら哲学や学問とは別のものだし、むしろ対極にあるものじゃないの？

いえいえ、そうじゃないんです。だって、哲学の「永遠のテーマ」と呼ばれるものはいくつもありますが、その中で特に重要で、ずーっと考えられ続けているものは「人間とは何か」とか「神とは何か」です。その**「人間」とか「神」について、これでもかと書いてある本が聖書なんです。**

ですから西洋哲学、特に近世哲学において「人間とは何か」「神とは何か」と考えた人たちは、みんな多かれ少なかれ聖書を足場として出発するんです。

聖書はいわば「人間の取扱説明書」とも呼べる書物です。で、「その取扱説明書が古いままだから新しくしてみようじゃないか」というのが近世哲学の試みです。それならば以前の「取扱説明書」を知らなければ、何がどう新しくなったのか、わからないですよね。

もっと言えば神や人間の問題に限らず、あらゆることについて「聖書にはこう書いてあるけれど、それは本当なのかな?」というのが近世哲学のスタート地点になるわけです。つまり聖書を知らないということは、スタート地点がどこかわからないということで、そりゃ迷子にもなります。そしてその近世哲学がわからない故に、そこから生まれてきた現代哲学もいまいちピンとこない……ということになるんです。

言い換えれば、**現代でこそ神学は哲学とは違う学問になりましたけど、少なくとも中世までは哲学と神学は一緒だったんです**。なのにそこから神学、つまり聖書を無理に分離させようとするからわかりにくくなってしまうんです。それを分離させても比較的無理なく理解できるのは20世紀以降の哲学です。

特に18世紀くらいまでの哲学は「神」を外してしまうと、ちゃんと理解することが難しくなります。そして20世紀以降の哲学も、それ以前の哲学を理解しないと解釈が難しいですから、いずれにせよ西洋哲学を学ぶなら聖書を知ることは大切なことなんです。

16〜18世紀頃のいわゆる近世の哲学者たちの多くは、たとえ神を否定するような思想を展開したとしても、彼ら自身はキリスト教徒であり続けました。ですから彼らの著述には神や教会に対する畏《おそ》れや配慮が見え隠れします。

それが、その事情を知らない日本人には「なんでこんなまわりくどい、わかりにくい書き方をわざわざするんだろう？」という風に思えてしまうんです。**聖書を知ることは彼らの思索のバックボーンを知ることになるんです**。

話は変わりますが、世界で最も長く読まれ続けてきた本って、なんだと思いますか？

「はいはい、どうせ聖書って言うんでしょ?」って思った方、半分正解です。でも半分だけです。

確かに聖書は世界で最も長く読まれ続けてきた本の一つですが、それに勝るとも劣らないほど長く読み継がれてきたものがあります。それは古代ギリシアから生まれたプラトンの哲学とアリストテレスの哲学です。ですから、この問いの答えは「聖書とギリシア哲学の本」ということになります。

本というのは原則として、影響力を失えば世界から消え去ってゆくものです。しかし聖書とギリシア哲学は2000年以上もずっと残っています。つまりこれは、これらがずっと世界に対して影響力を持ち続けているということです。これらはもはや「時代を超えた人類の思索の二大源泉」と呼べると思います。

しかし哲学を志す人の多くは、プラトン、アリストテレスは喜んで読みますが、聖書は「僕には宗教は関係ないから」と読まないんです。もったいない。

と言いつつ、実は僕自身そうだったんです。というわけで、そんな話から始めたいと思います。よろしくどうぞ。

聖書を読んだら哲学がわかった　目次

はじめに

第1章 哲学はどうしてわかりにくいの？

1-1 聖書を読んだら哲学がわかった……12
1-2 聖書は哲学書の本棚……21
1-3 哲学を学びやすくする2本の座標軸……29
1-4 哲学とは〝あたりまえ〟学です……40

1-5 〝あたりまえ〟はあたりまえではない……46
1-6 日本人と〝あたりまえ〟の話……50
1-7 哲学史の巨大な穴……55

第2章 哲学はギリシアから生まれた

2-1 最初の哲学者たち……64
2-2 変わった人たちの多い3つの学派……70
2-3 ソクラテスとプロタゴラス――「真実」は誰が決める？……77
2-4 プラトン――「本当のもの」は見えない……87

2-5 アリストテレス――あらゆる学問の父……95
2-6 ヘレニズム時代――ギリシアからキリスト教への架け橋……104
2-7 新プラトン主義――二元論から一元論へ……110

第3章

キリスト教と哲学はどうつながるの？

3-1 ユダヤ教から生まれたキリスト教……118
3-2 イエス・キリストが示した新しい〝あたりまえ〟……126
3-3 十字架と復活――哲学史上最大の〝あたりまえ〟の誕生……134
3-4 パウロ――「弱い自分」に絶望するな……143

3-5 アウグスティヌス――古代最後の哲学者……148
3-6 トマス・アクィナス――ギリシア哲学の逆輸入……157

第4章 ルネッサンス以降の近世哲学

4-1 ペスト――「死そのもの」の考察……166
4-2 ルネッサンス――聖書に戻ろう……171
4-3 イギリス経験論――観察から法則を見出そう……178
4-4 大陸合理論――論理的に法則を見出そう……185
4-5 カント――経験論と合理論を統合しよう……194

4-6 ヘーゲル――世界は「進歩」する……203
4-7 実存主義――「わたし」を捉え直す……210

第5章 現代の哲学は何を問題にしているの？

5-1 「わたしたち」とは何か？……222
5-2 相対主義と「分断の時代」……230
5-3 さて、そろそろまとめ……240
おわりに

著者エージェント　アップルシード・エージェンシー
ブックデザイン　山之口正和＋沢田幸平（OKIKATA）
イラスト　めんたまんた
DTP　一企画

第1章

哲学はどうしてわかりにくいの？

1-1

聖書を読んだら哲学がわかった

夢のような時間だった哲学の授業

「なんだこの世界は！　なんて美しい世界なんだ！　僕が求めていた世界はこれだ！」

そんな衝撃的な感動を覚えたのは高校1年生の春、初めて「倫理」の授業を受けて、ソクラテスの話を都立青山高校の鳥山先生から聞いた時でした。あっという間に哲学のとりこになり、僕は高校に入ってわずか1ヶ月やそこらにして、「大学の哲学科に入ろう」と心に決めたのでした。

他のみんなが「退屈だ……」と言っていた「倫理」の授業は、僕にとっては、タレス、ゼノン、エピクロス、ソクラテス、プラトン、アリストテレス、孔子、老子、イ

エス・キリスト、パウロ、アウグスティヌス、トマス・アクィナス、デカルト、カント、ヘーゲル、キルケゴール、ニーチェ、ハイデッガー、パスカル、サルトル、ソシュール、ヴィトゲンシュタイン、レヴィ＝ストロース……と、哲学者の名前を一つ教わるごとに、新しい世界が一つできるような、夢のような時間でした。

僕は小さな頃から、みんなが疑問に思わないことを疑問に思ったり、みんなが驚かないことに驚くような子でした。他愛のないことでも「なんでだ？」と思ったらそれを知らないと気が済まなくて、そのことばっかり考えて眠れなくなっちゃうような子でした。

遠足の前の晩に「楽しみで寝られない！」なんてことは一度もありませんでしたが、「風が吹くとどうして葉っぱが飛ぶのか？　そもそもなんで風が吹くのか？」とか、「どうしてみんな目が二つなんだろう？　どうして三つの人はいないのか？」とか「どうしてお母さんは僕が悪い子でも可愛がってくれるんだろう？　そもそも可愛いってなんだろう？」とか「先生も僕のことを可愛がってくれるのに、どうして僕はお母さんじゃなきゃ嫌なんだろう？」とか考え込んでしまって眠れなくなることはしょっちゅうでした。

母は幼稚園の先生から「この子は放っておくと一人で考え事ばかりしてみんなと遊ぶ気がない変な子だから注意してください」とか言われたそうです。「変な子でもいいから放っておいてください」と母は気にも留めなかったそうですが。

僕はその頃「僕は外で遊んでいる場合ではないのだ」くらいに思っていたんです。それで先生が「みんなで遊びましょう！」って言ったときに「やだ！」ってよく言い返していたんです。だから先生にとっては確かに「変な子」だし「困った子」だったのだと思います。

哲学を勉強しても「答え」は見えてこない……

そのままいくらか大きくなって、思春期に差し掛かったあたりの僕を決定的に眠れなくしたのは「死ぬってどういうこと？　生きているってどういうこと？　そもそもそれを考えている僕がここにいるってどういうこと？　え？　そもそも『ここにいる』ってどういうこと？」という問いでした。それを考えると頭を抱えてうめき回りたくなるほどでした。いや、実際にうめき回ったりもしてみました。

「死んでみたらわかるかもしれないから死んでみようか」とさえ思ったときは、「僕は心か何かが病気なのかもしれない」と思いました。まぁ今思えば健全な「中二病」というやつなのかもしれませんが。

子どもの頃から抱いていた「知りたくてたまらない」という衝動というか渇望というか、そういう「グッグッとしたマグマのような何か」を、「倫理」の教科書に出てくる哲学者たちが言語化してくれたことは、まさに胸のつかえが下りる思いでした。溜まっていたマグマが噴出口を見つけたような。「ここから吹き出せばいいのか！」と。

彼らと出会ったときの感動は「僕だけじゃないんだ！　こんなに同じように考えた人がいたんだ！」という安堵感でもありましたし、「きっとこの人たちが答えを与えてくれる。僕を解放してくれる」という期待感でもありました。

それから大学の哲学科に入るために4年間の受験勉強をし、そして大学で哲学を学びました。それはそれは楽しい日々でした。毎日新しいことを学ぶたびに「ゴール」に向かって確実に進んでいる実感がありました。しかも周りには同じ道を志す仲間や先生たちがたくさんいました。しかし、大学生活も後半に差し掛かったあるとき、気づきました。

あれ？　前進しているはずだけど、少しも「ゴール」に近づけていない気がする。僕はいまだに以前と同じように悩んだままだし、ときどき頭を抱えてうめいたりもしている。いや、むしろ前よりも「病状」が重くなっている気がする。この道を行けばこの病気が治るという期待で、今までワクワクしていたけど、「病状」自体は何も良くなっていない。

そうか。僕がずっと学んできた哲学者たちは誰一人として「ゴール」には到達していないのか。だったら、この人たちは僕に答えをくれることはできないのか。

そうなんです。**哲学史というのはいわば「屍《しかばね》の山」なんです**。「真理」というゴールを目指してたくさんの哲学者がさまざまな道を模索しましたが、まだ誰もそのゴールには至っていないんです。後でゆっくり触れますが、カントなんかは「人間には真理に至ることは無理だ」とさえ『純粋理性批判』で結論づけています。

誰かが進んだ道を後から来た誰かが辿り、さらに一歩を進めたりはしているけれど、まだゴールは見えていない。そもそもゴールがあるかさえわかっていない、むしろゴールがないということがわかりつつある。それが哲学の世界です。

さらに言えば、誰かがゴールしてしまったらそこで哲学は終わってしまいます。**哲学が哲学であり続けるためには誰もゴールしてはいけないんです**。

絶望した末の聖書との出会い

こうして僕は哲学に絶望してしまいました。これを進めば自分が苦しみから解放されると信じた道、それがぐるぐると回る回廊だと気づいてしまった絶望です。そこを回っている限り、いつまでも解放されることはないんです。そしてそこを回れば回るほど、苦しみは消えるどころかどんどん重くなっていく。あぁもうダメだ、絶望だ、死んでしまおう。

そう思ったときに、ふと本棚に目が止まりました。そこには聖書がありました。小学生の頃に学校の近くに落ちていた配布用の小さな聖書です。

僕はそれまで「僕は哲学をやるのだから神なんかに頼ってはいけない。神に頼ったら、それは敗北宣言だ」と思っていたので、神を否定するための資料として聖書を読んだことはありましたけど、「正典としての聖書」を読んだことはありませんでした。

その聖書を見て「三日だけ、これを信じてみよう。死ぬのはその後だって構わない」と思いました。キリスト教流の言い方をすればこれは「導き」であり「神様の呼びかけ」です。それで生まれて初めて否定的にではなく肯定的に「正典としての聖書」を開いたのでした。

すると不思議なことにとても心が落ち着きました。聖書はそれまで僕が抱いていたあらゆる疑問を包み込んでくれました。「あれこれ思い悩むのも悪くないけど、それよりまず私がつくった世界をちゃんと生きてみろ。悩むのはその後でも遅くない」と神様に言われたような気がしました。

僕はひとまず、毎日迫ってきたあの巨大な壁のような悩みを聖書によって「先送り」することに決めましたし、そうすることができるようになったんです。

……と、ここで話を終えたら、ただの「あなたも神様を信じましょう」的な話になってしまいますが、僕がこの本で言いたいことはここから先のことです。

そして教会の門をくぐってみた

聖書にひとまず救われて、聖書に興味を持った僕は2002年の11月末、ちょうどアドヴェント（降臨節）の期間が始まる日に、当時の家の近所にあった上馬《かみうま》キリスト教会の門を叩きました。すでに大学の「キリスト教概論」くらいの内容は勉強していましたが、聖書というこの何やらとてもすごい本を学ぶには、教会に行くのが一番手っ取り早いだろうと思ったんです。

そのときには僕はもう一切、哲学書を読まなくなっていました。読めば読むほど、あの悩みを思い出させられるようでしたし、すでに僕にとって哲学は「人生の7年を無駄にした墓場」だったからです。

しかしそれは実は決して「無駄な墓場」ではありませんでした。**教会できちんと「聖書とは何か」「それはどう読むべきものか」「そこから導かれる結論は何か」を学んでいったら、あるとき、突然にまるで「聖書」という本棚に「哲学」の本が整理整頓されて並ぶように、それまで学んだ哲学が整然と頭に流れ込んできたんです**。

肉は肉だけでは身体をつくることはできません。身体をつくるには骨が必要です。聖書という「骨」を与えられて、それまでバラバラだった哲学という「肉」が、一気に「身体」を構成したんです。「どうして今まで聖書を学ばなかったのか」と嘆きもしましたし、同時に「今学べてよかった」と喜びもしました。

僕の中の「哲学」が「無駄な墓場」から聖書によって復活したんです。

1-2

聖書は哲学書の本棚

聖書の中に含まれる「哲学」

「聖書という本棚に、哲学の本が整理整頓されて収納された」と先ほど書きましたけど、少しわかりにくいかもしれません。言い換えると「あらゆる哲学が聖書に内包されている」……余計にわかりにくくなったかもしれません。

では「**哲学者の問題提起がすべて、聖書には含まれている**」としたらどうでしょう、少しはわかりやすくなったでしょうか。……ならないですね。ですから実例をいくらかあげることにします。

聖書の一番最初の方に、神様につくられた最初の人間であるアダムが、神様のつくった他の動物や鳥に一つ一つ名前をつけるというシーンがあります。

〝神である主は、その土地の土で、あらゆる野の獣とあらゆる空の鳥を形造って、人のところに連れて来られた。人がそれを何と呼ぶかをご覧になるためであった。人がそれを呼ぶと、何であれ、それがその生き物の名となった。〟（創世記2章19節）

ここを読むと僕の頭の中では、たとえばソシュールの哲学が出てきます。つまり僕の中で聖書のこの部分にソシュールが「格納」されているのです。もうちょっと砕けた言い方をすれば、**この聖句を読むとソシュール先生が出てきて解説をしてくれる感じ**です。

「どうして神様は自分で動物に名前をつけずに、アダムにつけさせたのか？」という問いに、ソシュールが「言葉とは単なる意思伝達手段ではなく、世界を認識するために必要なツールであって、人は言葉なしに世界を認識することはできないのである」と答えるような感じです。

これによればアダムはこのシーンで初めて神様のつくった世界を認識したということになります。そして神様が「それを何と呼ぶかをご覧になるため」にそうしたということは、神様は人間に自分のつくった世界を見せたかった、そしてどういう反応を

するか見たかったということ、つまり神様は人間を自分と語ることのできる相手、愛する者としてつくったと、そういうことにつながります。

　同じように「バベルの塔」の人類の言語がバラバラにされてしまったシーンでもソシュール先生が出てきて「意思疎通ができなくなっただけではなくて、そもそも世界の認識の仕方がバラバラになってしまったのだ」と教えてくれます。そしてそのバラバラになった世界観は、どれが優れているも、どれが劣っているもないのだ、ということを今度はレヴィ＝ストロースが教えてくれます。

　ほんの少しの聖書の「骨」に、ソシュールとレヴィ＝ストロースという「肉」

がつくと、とたんに聖書の世界も開けますし、哲学も哲学特有の「だから何？」感から脱して意味のあるものになるんです。

〝神は仰せられた。「光、あれ。」すると光があった。〟（創世記1章3節）

この箇所には同じように、哲学者とは少し違うかもしれませんがアインシュタインの相対性理論が僕の中では「格納」されています。どうして神様は光を一番はじめにつくったのか。そのことはアインシュタインの「$E=mc^2$」という式が説明してくれます。この式によれば光が存在しなくてはエネルギーも物質も存在しないことになりますから、相対性理論は神の天地創造の始まりを解説してくれるものとも言えるんです。少なくとも僕にとっては。

〝神はモーセに仰せられた。「わたしは『わたしはある』という者である」〟（出エジプト記3章14節）

ここには、たとえばハイデッガーが「格納」されます。ハイデッガーの哲学はただでさえ難解な上に、著作を書き終わらないうちに亡くなってしまったので、なおさら難解なのですが、彼は「存在する者」と「存在させる者」は別であると考えます。「存在する者」は「存在させる者」によって、この世に「投げ出され」ます。「存在する者」は「存在させる者」の意図がわからないので常に不安定な状態です。そして一方、聖書のこの箇所では、神様が「私は何者によっても存在させられた者ではない」と宣言しています。

つまり**神様は「投げ出された」者、不安定な者ではない、絶対的な存在だ**ということです。さらに言えば、聖書のこの部分は神様からの「私が君たちを『投げ出した』のだから、もはや君たちは不安定な者ではない」というメッセージともとれます。一方でニーチェはこれに対して「いやいや、神ではなく私こそが『わたしはある』という者だ！　人間は一人一人が神を脱して自分がそうならなければならない！」と反論するわけです。

〝私は、したいと願う善を行わないで、したくない悪を行っています。〟（ローマ人への手紙7章19節）

この箇所は本当にたくさんの哲学者が「格納」され「肉付け」してくれる箇所です。「性悪説」の荀子《じゅんし》なら「人は生まれながら悪いことをするようにできているんだから当然だ」と言うでしょうし、「性善説」の孟子《もうし》なら「人は善いものなのに悪いことをしてしまうのは、何か原因があるからだ」と考えます。ソクラテスなら「そもそもその『したいと願う善』とはなんだ?」と考えるでしょうし、カントなら「理由なく『したい』と願うその定言命法《ていげんめいほう》の倫理に従え」と言うかもしれません。

ここについては僕の頭の中だけでなく、実際の歴史上でも、たとえばペラギウスとアウグスティヌスは「神は善と悪をつくったのだ」「いやいや、神がつくったのは善だけで、悪いのは人の罪だ」と論争したりしました。

……と、いくつか例をあげましたが、こんな具合に**聖書にはありとあらゆる哲学が「格納」できるんです**。でもこれはあくまで僕の頭の中の一例ですから、他の人は聖書の同じ箇所に別の哲学者を「格納」するかもしれません。本棚に本をどのように入れるかは人それぞれですから。

また聖書はあらゆる哲学の「骨」として機能するんです。肉は骨があるからこそ、腕は腕、足は足として働きます。中世のスコラ哲学を支えたトマス・アクィナスは「哲学は神学の婢《はしため》」と言いました。これは学校では「教会が学問を見下した言葉」と教えられたりしますが、そうではなくて本当は「**学問は神を理解するために不可欠なツールである**」と言っているんです。

そして実際に、少なくとも近世までは哲学は本当にその役割を果たしていたんです。

西洋哲学は聖書の注釈

異論があることは承知の上であえて思い切って言ってしまうなら、「**西洋哲学は聖書の注釈**」なんです。

どんな本でも注釈だけを読んでも意味が通りません。本文があってこその注釈です。少なくとも18世紀くらいまでは実際にそうだったんです。ルネッサンス以降、多くの哲学者が「神中心から理性中心の思想へ」と志向しましたが、それでも彼ら自身の多くはキリスト教を信仰していましたし、キリスト教社会の中に生きていたんです。そして議論の中心になるのも「神」でした。

近世哲学の、いやもはや**古代から現代に至るまでのあらゆる哲学の主要なテーマの一つは「神とは何か」です**。近世以降はそれが「神をどう扱うか」に変化していきましたが、いずれにせよ「神」について考えていることに変わりはありません。神を明確に否定する哲学であっても「人は聖書にこのように反論する」という注釈と言えます。

「いやいや、プラトンやアリストテレスは聖書が書かれるよりも前の時代の人なんだから注釈なんてできるわけがないでしょ」という声も聞こえてきそうです。それは確かにそうなのですが、しかし彼らの問うた問いは聖書にほとんど網羅されていますし、反対に彼らの哲学が中世のキリスト教理解に、巨大な影響を与えているんです。アウグスティヌスやトマス・アクィナスは、彼らの意見を参考に聖書を読み解き、キリスト教の教義を確立したんです。

1-3

哲学を学びやすくする2本の座標軸

プラトン、アリストテレス、聖書

哲学の歴史は古代ギリシアに始まって現在に至るまで、約2600年です。その歴史の中で、さまざまな思想が生まれたり消えたりしてきましたが、その中でずっと消えずに後世に変わらぬ影響を与え続けているものが三つあります。それは「はじめに」でも言いましたが「**プラトン**」と「**アリストテレス**」と「**聖書**」です。

プラトンとアリストテレスは紀元前4世紀くらいの人、聖書が新約聖書まで完成したのは西暦100年頃ですが、旧約聖書が成立したのは紀元前5世紀くらいだと言われています（諸説ありますが）。

つまりどちらも、哲学の歴史をほぼまるごと包み込んでいるのだと言えます。これらのテキストは2000年もの間、変わることなく人々に読み継がれ、愛されています。しかも2000年もの間、ほとんど変わっていません（もちろん翻訳が変わったりはしますが）。

そして少なくとも西洋哲学においては、これらを読んだことのない哲学者はいないと断言してしまってもいいでしょう。**現代に至るまでのあらゆる哲学者に影響を与え続けているのが、「プラトン」と「アリストテレス」と「聖書」なんです**。哲学を理解する上で、このことはとても重要です。これらが哲学史の上でほぼ普遍的と言える影響を与えているので、これらが哲学の「座標軸」として機能するからです。

聖書を軸にした哲学者の軸

まず一本めの座標軸は「**聖書軸**」あるいは「**神軸**」です。これはその哲学者が神や、あるいは「神的な一者」「絶対的な一者」を肯定するか否定するか、という軸です。たとえば同じ「実存主義」と呼ばれる哲学者でも、キルケゴールは神を肯定し、ニーチェは徹底的に否定しますから、この軸上では正反対の位置に置かれることになります。

アウグスティヌスやトマス・アクィナスは聖職者で神を中心として哲学を構成しましたから、この軸では最も「神肯定」になりますし、マルクスは唯物論で哲学を構成しましたから最も「神否定」になります。プラトンやアリストテレスはキリスト教成立以前の哲学者ですが、彼らは彼らなりの「人知を超えた存在」を肯定していましたから、「神肯定」に寄ってきます。「神」という言葉を「哲学的ではない」と避けるのであれば「絶対的価値観」を重視するか「相対的価値観」を重視するかという視点に置き換えてもいいかと思います。こう置き換えてみれば、聖書と直接関係のない東洋思想もこの軸上で評価することができます。

……と、ちょっとややこしくなってきましたが、単純に言えば**「神様の存在を認めますか？　認めませんか？」という軸です。**

「プラトン―アリストテレス」を軸にした哲学者の軸

もう一本の軸は「**プラトン―アリストテレスの軸**」です。この二人は師弟関係にあり、プラトンがアリストテレスの師匠でしたが、その思想はある意味で正反対でした。プラトンは「本当のものは天にある」と考えましたが、アリストテレスは「本当のも

◆「アテネの学堂」のプラトンとアリストテレス

のはこの地上にある」と考えました。ラファエロ・サンティの有名な絵画「**アテネの学堂**」の中心には、議論するこの二人が描かれていますが、プラトンは天を指差し、アリストテレスは手のひらを地面に向けています。

「天と地」というと、現代人にはちょっとピンとこない表現かもしれませんが、「目に見えないもの」と「目に見えるもの」としたらどうでしょう。**「世界の真理は目に見えない世界にあるのだ」**と考えるのがプラトンで、それに**「いやいや、真理は目に見える世界にこそあるのです」**と答えるのがアリストテレスです。

ここから発展させると「真理は論理の

みによって導かれる」と考えるデカルトは、論理は目に見えないものですから「プラトン寄り」ということになりますし、「真理は世界を経験することによって得られる」と考えるベーコンやロックは「アリストテレス寄り」ということになります。つまり、近世哲学の二大潮流である「大陸合理論」と「イギリス経験論」は、それぞれ「プラトン寄り」「アリストテレス寄り」と分類することができます。

また「アリストテレス寄り」の人たちは目に見える世の中にフォーカスする故に人間社会にも興味がありますから、思想の主語が「わたしたち」となる傾向にあります。一方で「プラトン寄り」の人たちは目に見えない世界を自分の頭の中で追求しますから、どちらかと言えば主語が「わたし」になる傾向にあります。社会と関係を持ちたがる度合い、とも言えるかもしれません。こう考えると東洋なら孔子はアリストテレス寄り、老子はプラトン寄りと分類できます。

……と、一つめの軸よりもさらにややこしい話になってきましたが、単純に言えば、**思想が「内向き（＝プラトン）」か「外向き（＝アリストテレス）」かの軸**です。ただ、これはあくまで思索の仕方の問題ですから、その人が性格として内向的だったか外交的だったかは関係ありません。

「哲学者マップ」をつくってみよう！

この二つの軸をx軸とy軸に据えれば、**「哲学者マップ」**が出来上がります。このマップがあると哲学者同士の思想の違いもわかりやすいですし、時代の流れもわかりやすくなります。

あくまで一例としてですが、38、39ページに僕の頭の中の「哲学者マップ」を添えてみました。ただ、これは「MARO がこのように分類して考えている」というだけで、「これが正しいマップです」というわけではありません。

しかも厄介なことに**多くの哲学者たちはこのマップ上をけっこう移動します**。たとえばプラトンは「イデア論」を語っているときはかなり「内向き」な思想ですが、「国家」を語るときはかなり「外向き」になったりしますし、デカルトは「神をも疑う」という点では「神否定派」になりますが、「神の証明」をするときは「神肯定派」になります。

「そんなに移動するんじゃ、こんなマップは意味がないじゃないか」と言われるかもしれませんが、そんなことはありません。「あー、この人は今、このゾーンで話しているな。あ、でも今度はこっちのゾーンに移動したな」と、思索そのものをある程度このマップによって把握することができるからです。

便宜上、このマップの左上を「アリストテレスゾーン」、右上を「プラトンゾーン」、左下を「ダーウィンゾーン」、右下を「ニーチェゾーン」、と呼ぶことにします。

哲学が始まったばかりの頃のタレスやヘラクレイトスたちは神話の影響を残しつつも、自然を観察することにフォーカスしましたから、当時の哲学の中心は「アリストテレスゾーン」でした（当時まだアリストテレスは生まれてませんけどね）。そこからソクラテスやプラトンが現れて「プラトンゾーン」に哲学の主流が移り……と、時代によって盛り上がるゾーンが変わってきます。

産業革命以降は神を信じる人も減り、目に見えるものを大切にする「ダーウィンゾーン」の世の中でしたが、21世紀に入ってからは物質至上主義の世の中に疑問を持ち、もっと目に見えない価値観を大切にしようという動きによって、「ニーチェゾーン」が盛り上がりを見せつつあります。

また、近頃では新型コロナウイルスで世の中が一変し、人間の力の限界を感じて、「神」を求める人が少しずつ増えているそうです。実際、最新の『宗教年鑑』の統計によれば、日本の宗教人口はずっと減少傾向であったのが、この1～2年は増加に転じています。これはつまり、盛り上がっているゾーンが、このマップで言えば少し上に動きつつあるということになります。

哲学を志す多くの人が「プラトン―アリストテレス軸」は持つのですが、「神軸」を持ちません。「神」が出てきた時点で「それは哲学ではない！」と切り捨ててしまったりするからです。しかし、この軸を一本追加することで、哲学の見え方は抜本的に変わります。それまでバラバラだった哲学者たちの「位置関係」が、(多少無理やりなところがあるとはいえ)可視化されるんです。

コラム　哲学の時代区分

哲学の世界には「現代哲学」とか「近世哲学」とかの「時代区分」があります。これは明確に「ここからここまでを『○○時代』とする！」とはっきり言えるものではありません。ただ、この本ではおおよそ、以下のようなイメージで記しています。

・古代哲学：ローマ帝国でのキリスト教国教化以前
・中世哲学：国教化からルネッサンスまで
・近世哲学：ルネッサンスから産業革命まで
・現代哲学：産業革命以降

もちろん、近世になってから古代の思想が復古したりもしますから、明確な時代区分ではないのですが、なんとなくそのくらいのイメージでお読みくだされればと思います。

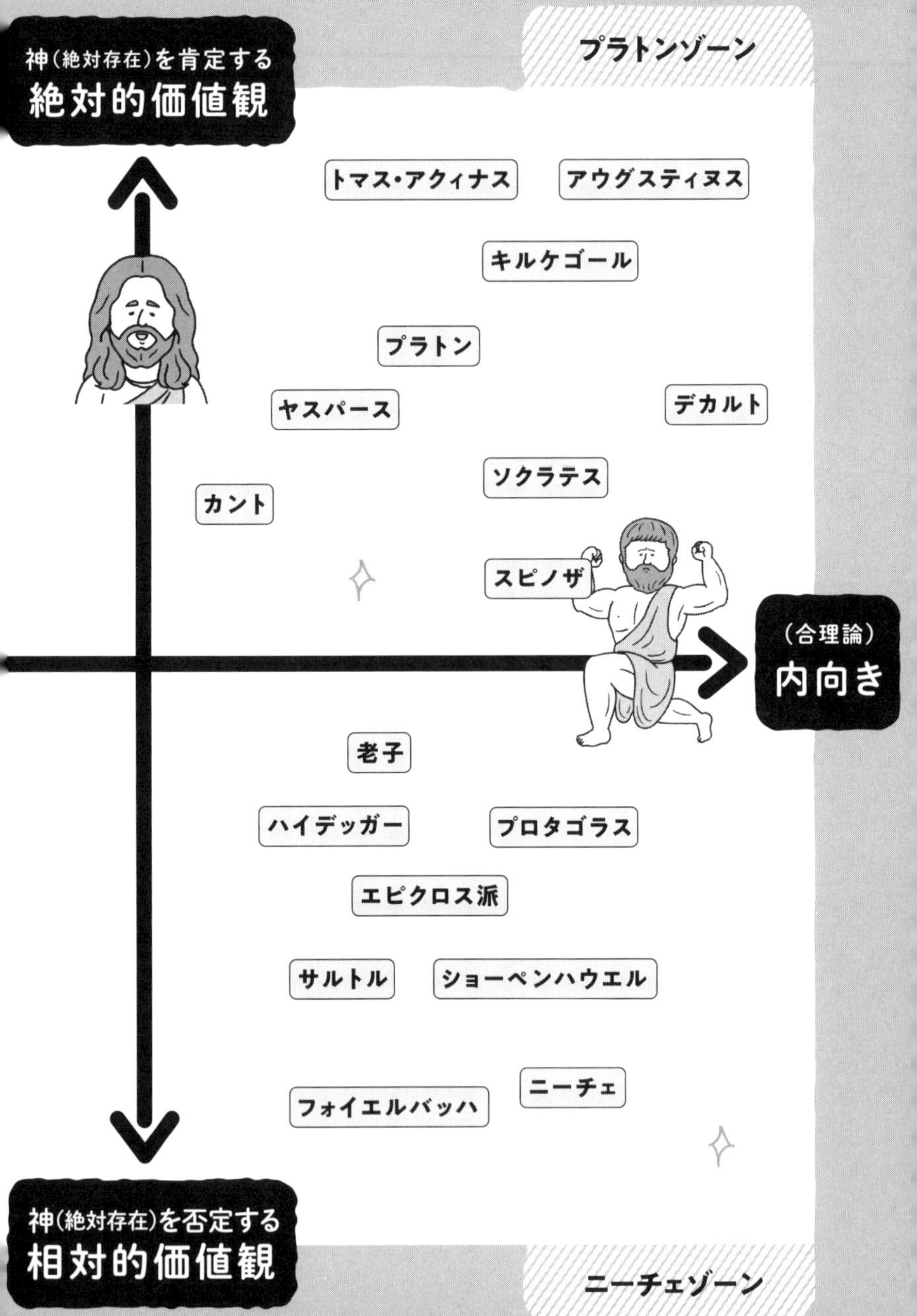

神(絶対存在)を肯定する
絶対的価値観
プラトンゾーン
トマス・アクィナス
アウグスティヌス
キルケゴール
プラトン
ヤスパース
デカルト
ソクラテス
カント
スピノザ
(合理論)
内向き
老子
ハイデッガー
プロタゴラス
エピクロス派
サルトル
ショーペンハウエル
ニーチェ
フォイエルバッハ
神(絶対存在)を否定する
相対的価値観
ニーチェゾーン

これが哲学者マップだ!!

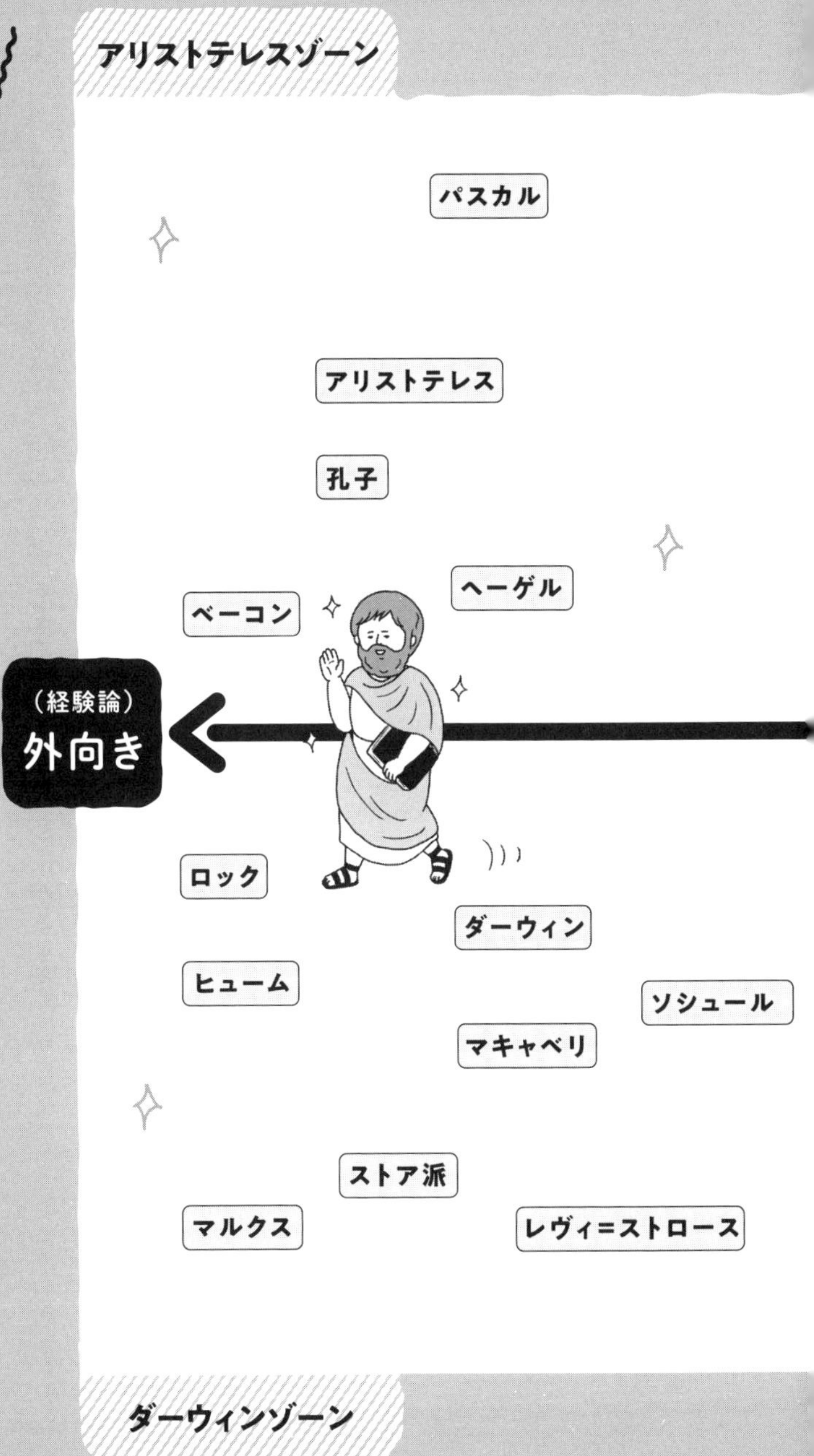
アリストテレスゾーン
パスカル
アリストテレス
孔子
ヘーゲル
ベーコン
（経験論）
外向き
ロック
ダーウィン
ヒューム
ソシュール
マキャベリ
ストア派
マルクス
レヴィ=ストロース
ダーウィンゾーン

1-4

哲学とは〝あたりまえ〟学です

「知恵を愛する」の意味とは？

さて皆様、少し話は変わりますが、そもそも哲学ってなんでしょう？

これにはいろいろな答えがあります。世にたくさんある「哲学入門」の本を読んでも、そもそもこの定義からして、本によって違ったりします。

「哲学とは何か？」という問い自体が、哲学の重要な研究対象であったりもします。

そして今でも「これが絶対に正しい」という答えは出ていません。この問いについてとことん論じようとすれば、それだけできっと分厚い本が何冊も書けてしまいます。

哲学は英語では「philosophy（フィロソフィー）」と言います。これは語源を辿ればギリシア語の「フィリア（愛する）」と「ソフィア（知恵）」の合成語です。つまり「知恵を愛する」ことが哲学なんです。これはアリストテレスが唱えた考えなのですが、現代に至るまで多くの哲学入門書にも書いてあることで、ということは、多くの哲学研究者が「うん。それはそうだよね」と納得する共通基盤であるということです。

でも「『知恵を愛する』ってどういうこと？」と問い始めると、やっぱり「僕はこう思う」「私はこう思う」と、そこから先の結論は変わってきてしまいます。

「知恵を愛する」とは「知ろうとすること」です。何かを知ろうとすることが学問ですから、**哲学とはもともと「学問全般」のことを指していました**。ここからたとえば物体の運動について専門的に知ろうとした人たちが「物理学者」になり、物質の変化を知ろうとした人たちが「化学者」になり、人の心を知ろうとした人が「心理学者」になり……と、どんどん諸学問が「哲学」から分離独立していきました。そして気づけば「哲学」にはほとんど何も残らなくなってしまいました。しかし今でも多くの大学には哲学科が設置されています。では現代の哲学には何が残っているのでしょう。

それは〝あたりまえ〟を〝新しいあたりまえ〟に組み替える力です。〝あたりまえ〟

を疑うという精神です。

この本ではここで思い切ってここで「**哲学とは、〝あたりまえ〟の学問である**」と定義してしまおうと思います。もう少し詳しく言えば、〝あたりまえ〟を「どうして〝あたりまえ〟なのか」とか「本当に〝あたりまえ〟なのか」と考える学問です。

哲学に限らず学問の始まりは常に「どうしてだ?」「これはなんだ?」という問いです。何を見ても「そんなのあたりまえじゃん」と言ってしまったら、学問は始まらないんです。つまり〝あたりまえ〟は学問の敵なんです。

反対に言えば、**〝あたりまえ〟を疑ったり壊したりすることが、学問の原動力の源なんです**。そして諸学問が巣立って行った後も、そこにとどまって純粋に〝あたりまえ〟を観察し続け、それについて考え続けているのが哲学なんです。

ですから哲学者というのは今も昔も、みんなが「あたりまえじゃん」と思っていることについて、「なんでだ?」「本当か?」と考え込んでしまう、ちょっと面倒臭い人たちです。人によってはこれを「一種の病気」とさえ表現します。

みんなが気にしないことが、気になって気になって仕方がなくなって、それで悩んだり苦しんだりするんですから、確かに一理ある表現です。まぁ病気は言いすぎだとしても「変わった人たち」であることは確かです。しかしその「変わった人たち」の疑問が、現代の諸学問を生んだんです。

哲学はあらゆる学問の「実家」

音楽だって今でこそ学問というより芸術の分野だと認識されていますが、昔は学問の一分野でしたし、さらにさかのぼれば哲学の一分野だったんです。

たとえば「ド〜♪ミ〜♪ソ〜♪」と三つの音を同時に鳴らすと和音ができるというあたりまえの上に今の音楽は成り立っていますが、それは「なんで複数の音が美しく響くときと、そうでないときがあるのだ？」と考える人がいて、「複数の音の周波数が単純な整数比になるときに和音が生じる」という答えを導き出したことから成立した〝あたりまえ〟です。

さらにそこから「なんで周波数が単純な整数比になると、美しい音になるのか？」と問えば脳科学の領域に進んでいきますし、「そもそも音が美しいってなんだ？」とかいう問題になってくると、これはまた「美学」という哲学の一領域に還流していき

ます。実はこれらの音楽についての問いは今でも「謎」のままでちゃんとは解明されていないんです。

哲学はあらゆる学問の母です。その母から生まれた「諸学問」という子どもたちはみんな独立して家を出て行ってしまいました。しかし**哲学は、諸学問の「実家」としてそこにあり続け、そして折に触れてその子どもたちが「里帰り」して活力と英気を養う場なんです**。普段は離れて暮らしている兄弟が実家で「久しぶりー」と会うように、諸学問同士が対話するための「場」になっているのも哲学なんです。あらゆる学問がそこから生まれ、そしてそこに帰る場所、こう考えると「哲学？　自分には関係ない話だね」なんて思えなくなってきませんか？

特に現代は史上まれに見るほどの「変化の時代」です。古い〝あたりまえ〟が新しい〝あたりまえ〟に移り変わる時代です。もっと言えば「〝あたりまえ〟の多様化」あるいは「従来の〝あたりまえ〟の崩壊」が起こっている時代です。こんな時代にこそ、哲学は必要な学問なんです。

1-5

〝あたりまえ〟はあたりまえではない

時代や地域で異なる〝あたりまえ〟

今、僕たちはたくさんの〝あたりまえ〟に囲まれて生きています。スーパーに行けばたくさんの食べ物があり、蛇口をひねれば飲料水が出て、スマホ一つで遠くの人と会話ができて……と、数え始めればいくらでもじゃんじゃか、〝あたりまえ〟が出てきます。

でもそれって本当に〝あたりまえ〟でしょうか。令和の時代になってから、あっという間にテレワークやオンライン会議が〝あたりまえ〟のビジネススタイルになりましたが、ほんの2年前までは〝あたりまえ〟ではありませんでしたよね。

蛇口をひねれば飲料水が出るのも、日本では〝あたりまえ〟ですが、水道水を飲める国って世界的にみれば実は少数派です。水道水なんて飲めない国もあれば、そもそも水道がない国だってあります。

現代日本では日本国憲法によって、信教の自由が保障されていますから、僕たちはキリスト教でも仏教でも、どんな宗教を信じても国から文句を言われることはありません。そして、それをどこかで〝あたりまえ〟と思っていますが、すぐ近くの北朝鮮や中国ではそれはちっとも〝あたりまえ〟ではありませんし、日本だってそれが〝あたりまえ〟になったのは戦後になってからのことです。

〝あたりまえ〟は地域や時代によって、つまり空間によっても時間によっても変わるんです。これを「〝あたりまえ〟はずっと変わらない」と思ってしまうと、たぶんその人は生きにくくなると思います。たとえばいわゆる失言を繰り返す政治家さんなんかは、そんな人なのかなと思います。

女性が食事をつくって、男性はそれを食べるだけなのが〝あたりまえ〟な時代もありました。でも今の時代にそれを〝あたりまえ〟だなんて言ってしまったら大失言です。でも実際にそんな発言をしてしまって大炎上する政治家さんが後を絶ちません。

そういう人はもしかしたら「俺の〝あたりまえ〟はみんなにも〝あたりまえ〟のは

ず」と思っているのかもしれませんが、それは自分勝手な「狭い〝あたりまえ〟」です。あるいは「古い〝あたりまえ〟」かもしれません。そんな人には「それは〝あたりまえ〟ではないんですよ」と誰かが教えてあげなくてはいけません。その前に、「〝あたりまえ〟は変わるものだ」ということを教えてあげなくてはいけないかもしれません。

こうして身の回りのさまざまな〝あたりまえ〟について、「これは本当に〝あたりまえ〟だろうか？」と考えてみると多くの〝あたりまえ〟が実は〝あたりまえではない〟ことがわかります。そして**「本当の〝あたりまえ〟って何だろう？」と考えれば、難しいことなんて一つも言わなくたって、その人はもう「哲学している」んです**。なんだかグッと哲学のハードルが下がってきませんか？　教科書に出てくる多くの哲学者たちも、みんなそうやって〝あたりまえ〟について考えていたんです。

どれほど難解な言葉で書かれた哲学書でも結局は〝あたりまえ〟について考えているだけなんです。そう考えると哲学者たちに対してもグッと親しみが湧いてきませんか？

社会を変える力になる「哲学」

「哲学は机上の空論で役に立たない」なんてよく言われますけど、こんな風に考えるとそれが決して机上の空論ではなく、むしろ社会を変える原動力となる実学なのであると思えます。

科学技術は多くの新しい〝あたりまえ〟を生み出しますが、その根底には必ず哲学があるんです。政治も新しい〝あたりまえ〟を生み出しますが、その根底には必ず哲学があるんです。**新しい〝あたりまえ〟が生まれるところには、必ず哲学があるんです**。

ときどき「これが俺の哲学だ」なんてセリフを聞きますが、この場合の多くは「これが俺の〝あたりまえ〟だ」と置き換えられます。微妙な違いですけど、これは哲学とは必ずしも言えません。むしろ場合によっては哲学から最も離れた姿勢かもしれません。なぜならそのセリフを言う人の多くは自分の〝あたりまえ〟に執着していて、それを変えようとはしていないからです。

哲学とは「自分なりの〝あたりまえ〟を持つこと」ではなく「〝あたりまえ〟を変える力」のことです。少なくともこの本ではこの定義で話を進めたいと思います。

1-6

日本人と〝あたりまえ〟の話

日本とヨーロッパの〝あたりまえ〟の感覚の違い

日本人は哲学が苦手です。……と、断言したら怒られるかもしれませんが、たぶん苦手です。苦手であるという傾向があります。苦手というか「自分とは関係ない、よくわからない世界のこと」と思っている方が多くて、得意か苦手か以前にそもそも興味がない人が多いのかもしれません。

日本には「あたりまえ」という言葉があって、それをそれこそ〝あたりまえ〟に日常で使っています。しかしたとえば英語で「あたりまえ」を何と言うか調べると「obviously」と、ちょっと馴染《なじ》みの薄い単語が出てきます。これは「明白である」とか「自明である」という意味ですから、意味としては合っていますが、ニュアンスとしては少し違います。他にも「natural（自然である）」や「ordinary（一般的である）」という訳語が使われたりもしますが、どれもニュアンスとしてはしっくりきません。

これはどういうことかというと、**少なくとも英語圏の人は日本人ほど〝あたりまえ〟には「あたりまえ」って言わない**のだということです。

日本は「単一民族国家」と言われます。もちろん、日本にもさまざまなルーツを持つ人たちがいますから厳密には違うのですが、同じ言葉を話し、米を主食とし、お葬式にはお経をあげ……と、共通の文化基盤を持っている人がかなりの多数派である（あった）ことは間違いありません。

日本では日本語を話すのが〝あたりまえ〟ですし、食事で米を食べるのも〝あたりまえ〟です。しかし、哲学（厳密には西洋哲学）が発展してきたヨーロッパでは、そういう〝あたりまえ〟の意識はもっと希薄でした。話す言葉も食べるものも違う人たちが、入り混じって暮らしていたので、〝あたりまえ〟が成立しにくかったんです。

日本では食事のことを「ごはん」と言い、そこで実際に食べる主食も「ごはん」です。一方で英語では食事のことを「meal」と言いますが、「meal」という食べ物はありません。パン（bread）を主食にする人は多いですが、それでも食事のことを「bread」

とは、例外もありますけれど一般的には呼びません。何を主食に食事をするかというのは、人や文化によってまちまちだということです。

ですからヨーロッパには「自分が〝あたりまえ〟と思っているこのことは、あの人にも〝あたりまえ〟なんだろうか？」とか「みんなが共通して〝あたりまえ〟と思えることは何だろうか？」とか、そんな疑問が生まれやすい土壌があったんです。特にこの後者の問いが、哲学やキリスト教の発展に大きな意味を持ちました。

反対に言えば、〝あたりまえ〟を「あたりまえ」と思ってしまう人には哲学はあまり向いていないということです。日本の教育では「これが〝あたりまえ〟です。これも〝あたりまえ〟です」と教えてしまいがちで、「それは本当に〝あたりまえ〟ですか？」なんて言ったら「ひねくれた子」とか「素直じゃない」とか言われてしまったりします。これも日本人が哲学を苦手とする、一つの原因かもしれません。

でもこれは決して「だから日本はダメなんだ」ってことではありません。〝あたりまえ〟が強い、すなわち行動や考え方に共通点が多いからこそ、日本には「和の心」が生まれました。災害時などに暴動がほとんど起こらず、規律正しい行動を取れたりするのはこのことによる美点ですし、世界からも称賛されました。日本独自の文化がたくさんあるのも、この土壌故のことです。

たとえば日本には古いお寺がたくさんありますが、それが今も残っているのは幕府や権力者が替わっても「価値のあるものだから残そう」とそれを保存していたからです。共通の価値観がもっと弱ければ、たとえば金閣寺なんかも江戸幕府が始まったあたりに「なんだこの建物、室町幕府のつくったものなんて壊して新しいものを建てよう」と、なったかもしれません。

日本は文化の土台がしっかりしている

また日本人は「そこにあるものを受け入れる」のが上手です。アメリカに行けばアメリカ流の生活、アフリカに行けばアフリカ流の生活、と、海外に行ってもスムーズにそこの生活に馴染むのがうまいと言われています。一説では「世界で一番ホームシックになりにくい民族」なんだそうです。

それは〝あたりまえ〟を受け入れる態度が強いということです。**日本人にとって〝あたりまえ〟は受け入れるものであって、疑ったり変えたりするものではなかったんで**

す。スポーツを見ていても、（もちろん傾向として、ですが）日本選手は与えられたルールの中で最善のプレイをしますし、判定に対してもそれほど強く抗議はしません。一方で外国人の選手は判定にもかなり激しく抗議しますし、「そもそも、このルールがおかしいんだ！」とルール改定を求めたりもします。

日本は文化的に「土台がものすごくしっかりしている」んです。ですから、その土台の上で安心して良い仕事ができました。しかし「土台がしっかりしていない」文化ではまず「土台づくり」すなわち「共通の〝あたりまえ〟づくり」から始めなくてはいけませんでした。ですから日本では「土台の上」の学問はとても発展してノーベル賞もたくさんとったりしていますが、その「土台」である哲学についてはあまり興味がない人が多いんです。

しかし、日本もいつまでも「単一民族国家」ではいられません。これからさまざまな文化基盤を持つ人が物理的にもやってくるでしょうし、オンライン技術の進歩によって他文化の人と交流する機会も増えてきています。そんな時代に対応するためのツールとして、これからの時代にはいよいよ哲学が求められるんです。

1-7

哲学史の巨大な穴

時系列に沿って哲学を見る

哲学は紀元前600年頃に始まって以来、2600年もの間、〝あたりまえ〟を壊したり、新しい〝あたりまえ〟をつくったりしてきました。つまり哲学の歴史は〝あたりまえ〟の歴史であるとも言えるんです。

歴史を学ぶとき、多くの人は古代から始めて現代へと向かって本や教科書を読み進めていきます。中には現代から古代へ向かって読む方がわかりやすい、という人もいますが、いずれにせよ歴史を学ぶのに時系列は重要な要素です。

「室町幕府が衰退して」「群雄割拠の時代になって」「織田信長という人が偉くなって」「明智光秀にやられて」「豊臣秀吉がその跡を継いで」「関ヶ原で勝利した徳川家康が

江戸幕府を開いて」と、この順番で書かれればスムーズに歴史を知ることができますが、このそれぞれの要素の順番が変わったり、欠けたりすればとたんにわかりにくくなります。ためしに上の歴史要素を抜いてみたり入れ替えてみたりしてみてください。歴史が変わっちゃうはずですから。

哲学も同じで、時系列に従って把握するとわかりやすくなります。もちろん、たとえばニーチェが好きならばニーチェだけを研究するのも良いのですけれど、でもニーチェを研究していればどうしても「ニーチェに影響を与えた人」とか「ニーチェから影響を受けた人」が出てきますし、気にもなります。**ニーチェを理解するにはニーチェが「どういう〝あたりまえ〟を否定し」「どういう〝あたりまえ〟をつくったのか」の二つを知る必要があります**。

これはニーチェに限らず、プラトンでもアリストテレスでもデカルトでもカントでもショーペンハウエルでも同じことです。「信長→秀吉→家康」みたいな流れが、たとえば「ソクラテス→プラトン→アリストテレス」にもあるわけです。これを大まかにでも押さえられると哲学もグンとわかりやすくなるんです。

日本人が哲学を理解しにくい理由

しかし実は哲学教育、特に日本の哲学教育においては、この「時系列を押さえる」というのが、ちょっとやりにくくなっています。日本史で言えば教科書を見ると縄文時代、弥生時代、古墳時代……大正、昭和、平成、令和と、空白期間なしに時系列順に網羅されています。

しかし哲学や倫理の教科書を見ると、紀元前6世紀頃のタレスから紀元前4世紀頃のアリストテレスまではある程度時系列が整っているのですが、そこから記述が急に薄くなってきます。1～2世紀のキリスト教の成立、3～4世紀の新プラトン主義あたりくらいまではかろうじてバトンがつながりますが、そこでバトンは止まってしまって、その次のページはもう15世紀のルネッサンスあたりについての記述だったりします。そこで1000年以上ワープしてしまうんです。

日本史で言ったら弥生時代の次のページにいきなり織田信長が出てくるようなものです。こんなにワープされたら時系列を追うなんてできないですよね。だから多くの人にとって哲学はわかりにくいんです。

ルネッサンスというのは「再生」という意味です。でも、いきなり「再生」って言われても「何が再生したの?」って思いますよね。これは「古典古代（ギリシア・ローマ時代）の再生」を意味するもので、つまり哲学史で言えば「プラトンやアリストテレスの時代に戻ろうぜ」ということです。

プラトンやアリストテレスについて書いてあった次のページに「プラトンやアリストテレスの思想が復活した」と書かれているということなんです。これじゃ、わかりにくいのも当然です。

「キリスト教の時代」にも哲学はあった!

では、この1000年間はどうして飛ばされてしまうんでしょう? それは、この1000年間が「キリスト教の時代」だからです。哲学や倫理の授業でこの時代の思想をあんまり教えてしまうと、それは哲学というよりも宗教、それもキリスト教の授業になってしまいます。だから「哲学」としては教えにくいんです。

この1000年間は、「キリスト教のせいで科学も哲学も発展しなかった暗黒時代でした」なんて言われていたりもします。でもそれを〝あたりまえ〟とする時代があったということを知らなければ〝あたりまえ〟の歴史は追えないですよね。

それに、そもそもその時代は「暗黒時代」なんかではありません。後でゆっくり書きますが、近世・近代で花開く哲学の土台が、その期間にしっかりと構築されていたんです。

キリスト教が文化の根底にある欧米であれば、このワープもまだそれほど大きな被害を出すものではありません。なぜなら聖書というのは2000年前も今も同じものですから、哲学を学ぶ学生も欧米ではその価値観、そこで提示される〝あたりまえ〟を知っているからです。当時の教会がどんな〝あたりまえ〟を生み出していたかを知っているので、ルネッサンス以降の哲学者たちがそれをどう批判したかもわかるんです。

しかし、キリスト教や聖書に親しみのない日本ではそうはなりません。彼らがどんな〝あたりまえ〟を生きていたのか、わからないんです。反対に言えば、その**1000年の〝あたりまえ〟を生み出したキリスト教や聖書を知れば、時系列の巨大な穴が埋まり、哲学はグンとわかりやすくなるんです。**

時系列が埋まるだけではありません。それは1000年もの間続いた巨大な〝あたりまえ〟、哲学史上最大の〝あたりまえ〟ですから、近世・近代の哲学にはその影響が強く残っていて、それを知らないとその哲学者が何を言いたいのかわからなかったりもするんです。

たとえばニーチェは「神は死んだ」という言葉でキリスト教を強く否定しました。否定したのであって、無視したわけではありません。無視したのであれば彼の哲学を学ぶのにキリスト教を学ぶ必要はないでしょうが、否定したのですから、キリスト教を学ばなければ「彼が何を否定したか」がわからないので、彼の真意を知ることは難しくなってくるのです。

神を理解しなければ神を否定できない

もっと言えば、近世の哲学は「神を肯定するか、否定するか」の軸上で展開します。たとえば同じ実存主義哲学者でもキルケゴールは神を肯定し、ニーチェは否定しました。**近世哲学というのは「神」や「教会」という巨大な〝あたりまえ〟について「あるか、なしか」ではなく、「どう扱うか」を問題としました。**

ですから、この巨大な〝あたりまえ〟を知っているのと知らないのとでは、このあたりの哲学を理解する難易度に天と地ほどの差ができてしまうんです。

プロ野球で言えばアンチ巨人であっても巨人のことはよく知っています。むしろアンチ巨人の方が巨人ファンよりも巨人について詳しかったりします。哲学もこれと同じなんです。巨人のことを知らなきゃ巨人の悪口も言えないように、「神」を否定するには「神」について知らないといけないんです。

プロ野球を見るならファンになるにせよアンチになるにせよ、とりあえず、まず巨人というチームのことは知っておいた方が楽しい、みたいな話です。


さて、ここから、いよいよ「〝あたりまえ〟の歴史」について哲学と聖書を紹介しながらお話しします。「哲学」とか「聖書」とかいうと、姿勢を正してきちんと読まなきゃいけないんじゃないかなんて思ってしまったりもしますけれど、少なくともこの本に限っては、こたつでミカンを食べながらでもベッドで横になりながらでも何も問題ありません。体も心も楽にしてお読みください。

ゆるゆるに書きますから。哲学や聖書をきちんと勉強している方には怒られてしまうかもしれないくらい、ゆるゆるに。**まずは「哲学は難しい」とか「哲学は近寄りがたい」という〝あたりまえ〟から壊してしまいましょう。**

第2章

哲学はギリシアから生まれた

2-1

最初の哲学者たち

哲学の始まりはいつ？

哲学が始まる前の時代、人々は世界の成り立ちや動きを神話によって説明していました。

ギリシア神話と言えば、現代では「星座にまつわる物語」のような位置づけですが、もともとは「世界を説明するための物語」であって、そこに書いてあることを信じるのが人々の〝あたりまえ〟でした。

世界は「神々がそう創ったから存在するのだし、神々が動かしている」というのが当時の〝あたりまえ〟の常識だったんです。しかし、農耕技術が発達し、街が発展すると、この〝あたりまえ〟は通用しなくなりました。それまで街はあちこちに点在していて、相互の交流はなかったのですが、農耕面積＝領土が拡大し、互いに国境を接するようになると、とんでもないことがわかってきました。

「隣の街の奴らは、僕らとは違う神話を信じている！」

神話が違うということは〝あたりまえ〟が違うというのと同義でした。そこで、「違う神話を信じている者同士でも、共通している〝あたりまえ〟はなんだろう？　それはどうやったら導き出せるのだろう？」と考える人たちが出てきました。これが哲学の始まりであり、学問の始まりでもありました。

最初の哲学者タレス

哲学の歴史は紀元前7世紀頃のギリシアのタレスという人から始まります。この人が「世界で初めての哲学者」と呼ばれる人です。どうしてそう呼ばれるのかというと、端的に言えば「神話からの脱却」をした人だからです。それまでの〝あたりまえ〟はさっき話したように、神話に基づいたものでしたが、その〝あたりまえ〟は〝あたりまえ〟同士の接触により崩壊してしまったんです。

そこでタレスはどんな神話を信じている人でも、石は石だし肉は肉であるという点に注目しました。目に見える「物質」の根源は、どんな神話を信じている人にも共通であろう、と考えたんですね。

「この家は石でできている。では、その石は何でできているのだろう？」「私の体は肉でできている。では、肉は何でできているのだろう？」「石と肉とは何が違うんだろう？　もしかして同じものからできているのではないか？」

そして色々考えた結果、「**万物の根源（アルケー）は水である**」との結論に至りました。石も肉も、あらゆるものはもともとは水であって、水から生じて水に戻るのだ、と考えたんです。現代科学からすれば「何をバカな」と思ってしまう結論かもしれません。

しかし、タレスのすごいところは「万物の根源は水」という結論ではなく、「**あらゆるものの源になる何かがある**」と考えたところです。現代でも科学では物体はみんな分子でできていて、分子は原子でできていて、原子は原子核と電子でできていて、原子核は中性子と陽子でできていて……と、物体の源を追求し続けていますが、その始まりはタレスにあるということなんです。素粒子学の元祖と言ってもいいかもしれません。

今の化学の元になったのは錬金術ですが、錬金術師のことを「アルケミスト」と言

います。これはこの「アルケー」という言葉から派生したもので「万物の根源を扱う人」という意味です。「万物の根源（アルケー）」について考えることはまさに今の化学の始まりだったんです。今でも高校の化学の教科書の最初の方には、タレスの名前が出ていたりもします。

世の中の根源について「知りたい」と願い、初めて「ミクロの世界」について考えをめぐらせ、**そこに物体があることは、決して〝あたりまえ〟ではないぞ、と問題提起をしたのがタレスだったということです**。

ところでタレスは天文学にも優れていましたが、ある時ある人から「君は哲学とやらをやるらしいけど、貧乏じゃないか。哲学って生きるのには役に立たないんだね」とバカにされました。頭に来たタレスは、天文学の知識から「来年はオリーブが豊作だ」と予測し、オリーブを絞る機械を使う権利を独占的に買い占めました。

翌年、本当にオリーブが豊作になると彼は、その権利を好きな値段で売って大きな利益を得ました。そして言いました。「僕にとって金持ちになることは簡単だけど、僕は金持ちになることに興味がないのだ」。これは現代の先物取引の第一歩だとも言われています。

それまでは豊作か凶作かは「神々が決めること」と考えるのが〝あたりまえ〟であって、それを予測するのは〝あたりまえ〟ではなかったんです。

万物の根源は一体なんなんだ？

タレスによって「万物の根源は何か」という問題提起がなされると、他の哲学者たちもさまざまな説を唱えました。ヘラクレイトスは「火だ！」と言い、ピタゴラスは「数だ！」と言い、エンペドクレスは「土と空気と火と水！」とどこかのロールプレイングゲームのようなことを言い、アナクシマンドロスは「アペイロン（無限定なもの）」

と難しいことを言い出しました。アナクサゴラスは「種」だと言い、その弟子のデモクリトスが「アトモス」と言いました。この「アトモス」というのは「それ以上分割することのできないもの」という意味で、ここから「原子論」が始まりました。顕微鏡も何もない時代に、原子（アトム）の存在を予言したのですからすごいことですよね。

……と、少し乱暴に羅列してしまいましたが、ヘラクレイトスが「火」と言ったのは「すべてのものは変化し続けるから一定の根源を持つものではない」として、その「変化」の象徴として「火」という表現を用いたということですし、ピタゴラスが「数」と言ったのは、「数式」や「法則」のことを指しています。エンペドクレスが「土と空気と火と水！」と言ったのも、「いくつかのものの組み合わせ」という意味がありますし、そう考えると、どの考えも現代科学から見て、ある程度は合理的であると言えるんです。

このようにして**哲学は、あらゆることを神話で説明するのが〝あたりまえ〟だった時代に「それじゃ納得できないぞ！」と声をあげ、「目に見える物体」を見て「これを構成する目に見えない何かがあるぞ！」と考えることから始まったのでした**。目に見えるものがすべてだった時代に、目に見えない世界に思いを馳せた人たち。それが最初の哲学者たちでした。

2-2 変わった人たちの多い3つの学派

「快楽主義」を唱えたけど実は質素なエピクロス派

「物質の根源」の問題は、やがて「人はいかに生きるべきか」に発展していきました。

「原子論」の原型をつくったデモクリトスの影響を受けて、エピクロスという人が現れました。この人はこんな風に考えました。

「人間は原子のかたまりにすぎない。目に見えないものなんて存在しない。だから当然、神もいないし、あの世なんてものもない。人は死を怖がらなくていい。なぜなら人が生きている間は死はやってこないし、死がやってきた瞬間、人はもういないからだ。だから人間は死ぬまでの間、とことん自分の幸せと快楽を追求すればいい」

こうしてエピクロスは「快楽主義」を唱え、「**エピクロス派**」と呼ばれるグループをつくって団体生活をしました。「快楽主義で団体生活」というとつい、欲望のままに生きる酒池肉林《しゅちにくりん》の世界とかを想像してしまいますが、実はむしろエピクロスの生活はその反対でした。

エピクロスは「幸福とは平静な心である」と考えました。そしてその実現のためには「自然かつ必要な欲求だけを満たせばよく、それ以外の欲求は心を乱すのでむしろ幸福の邪魔になる」と。

彼は欲求を「自然かつ必要な欲求（健康・衣食住・友情など）」「自然だけど不必要な欲求（贅沢など）」「自然でも必要でもない欲求（名声、権力など）」の3つに分け、その最初のものだけを追求する生活をしました。すなわち、求めるものは健康と衣食住と友情だけ。と、いうわけで彼らは「快楽主義」を掲げながら実際は世間から離れて、質素で心穏やかな生活を送っていたんです。

簡単に言えば「**余計なものを持たなければ人間は幸せになる**」ということで、かなり今の仏教とか老子の思想に近いところがあります。そういう思想が唯物論から出たというのは面白いところです。唯物論というと「無味乾燥で機械的な世界」のようなイメージを持ちがちですが、実はそうでもないんです。

「ストイック」なストア派

このエピクロスに「それじゃいかんよ！」と対抗したのが「**ストア派**」と呼ばれる人たちでした。この「ストア派」というのは現代の「ストイック」の語源です、と言えば彼らがどんな生活をしたのかは想像に難くないですよね。

彼らは「**人生の目的は徳を積むことだ**」と考えました。彼らにとって幸福とは徳を積んだ結果、たまたまついてくるものであって、それ自体を求めるものではないんです。「知的・道徳的に完璧になれば判断も間違えないし、心が乱されることもない」と言って、とにかくストイックに知性と道徳を磨くことに人生を賭けました。「生まれたからには幸せになろうなんて思うな！」という、ちょっと汗臭くて古臭い「昭和」の世界です。そして、その生活を「人間の模範」として世に示し、尊敬も集めました。世間から離れた生活を送ったエピクロス派とはこの点でも対照的です。

ストア派の考え方は『神の恵み』とか『運命』だとかに任せず、自分の人生は自分の努力で磨かねばならぬのだ！」という、かなり力強いもので、中世や近世の王や貴族たちはこの影響を大きく受けました。

「指導者として正しい判断をするために、自分を常に磨かねばならない！」ということです。この思想に立った王として有名なのは2世紀のローマ皇帝マルクス・アウレリウスで、彼は後世では理想的な「哲人王」とされていますし、現代でも「ノブリス・オブリージュ」と言って「権力を持つものはそれにふさわしい高貴さを持つ義務がある」という考えがありますが、これもストア派の哲学に由来するものです。

「何かをする」ことで人生の価値を追い求めたストア派と、「何かをしない」ことで人生の価値を追い求めたエピクロス派。ちょっと東洋の孔孟《こうもう》思想（孔子と孟子が説いた儒教の思想）と老荘《ろうそう》思想（老子と荘子が説いた道家の思想）の関係にも似ているように見えます。前者は「社会のため」つまり主語を「わたしたち」とし、後者は「自分がどうあるか」つまり主語を「わたし」としました。

そしてストア派とエピクロス派も、孔孟思想と老荘思想も、対立しました。「わたしたち」にとって正しいことと、「わたし」にとって正しいことは異なるということです。そしてこの後も現代に至るまで哲学の主語は、「わたしたち」と「わたし」の間を揺れ動くことになります。

「犬」と呼ばれたキュニコス派

もう一つ、「**キュニコス派**」と呼ばれる人たちもいました。これは現代の「シニカル」の語源となった人たちで、別名「犬儒《けんじゅ》学派」とも呼ばれました。**何かを所有することを軽視した結果、家も持たず服もろくに持たずの生活をしたので「犬のようだ」と呼ばれた**のが理由です。

ストア派が「国を良くするために」とか「人間の発展のため」とか、大きな目標を掲げるのに対し、彼らは「そんなことは俺たちにはどうでも良い。もっと自然に暮らそうぜ」と言いました。エピクロス派とストア派がどちらも「きちんとした」生活をしていたのと対照的に、彼らはとことんアウトローでした。

この人たちの代表とも言えるのがディオゲネスという人で、彼は家を持たず、樽に住んでいたので「**樽のディオゲネス**」と呼ばれていました。

ある時、アレクサンダー大王が街を通ったとき、みんなが道を開けてひれふしたのに彼だけは道の真ん中で寝そべっていました。アレクサンダーは彼に問いました。「ど

うして王にひれふさないのか」。ディオゲネスは問い返しました。「あんたは良い奴か、悪い奴か」。

アレクサンダーが「私は良い人間だ」と答えるとディオゲネスは言いました。

「良い奴ならひれふさないくらいで俺を殺したりしないだろうし、悪い奴ならそんな奴に俺はひれふしたくない。だからどっちにしても俺はお前にひれふさないよ」

アレクサンダーもこれには苦笑いするしかなく、彼を許したそうです。

……と、完全に「世捨て人の変人」なイメージですすキュニコス派は。でも今でもこれにちょっと近い人はいますよね。ディオゲネスはこんな風に大王に限らずいろいろな人を論破したので煙たがられもしましたが、同時に憎めないキャラでもあったようで、住んでいた樽が盗賊に壊されたときは、街の人みんながお金を出し合って、彼に新しい樽をプレゼントしたそうです。

エピクロス派、ストア派、キュニコス派と、ギリシアの3つの学派を紹介しましたが、彼らに共通しているのは「**豪勢な家に住んだり、贅沢な食事をしたり、名声や権力を得たりすることは、幸せとは関係ないのだ**」と言ったことです。

それまでは、立派な家に住み、豪華な食事をし、美しい妻を得て……ということが幸せのバロメーターとされるのが〝あたりまえ〟だったのを、彼らはひっくり返し、そして後世までその影響を残し続けたんです。

2-3

ソクラテスとプロタゴラス
——「真実」は誰が決める？

「めんどくさいおじさん」ソクラテス

時をさかのぼって、エピクロス派やストア派が現れるより少し前、デモクリトスが原子論を考え出すよりもほんのちょっとだけ前のことです。アテナイ（今のアテネ）の街に、ちょっと変わったおじさんが出没するようになりました。

そのおじさんは、街ゆく人に声をかけては「君は何を知っているのか教えてくれ」と尋ねて長話をしては「君は何かを知っていると言っていたが、実のところ何も知らないじゃないか。とはいえ私も、何も知らないのだが。しかし何も知らないということを知っている分だけ、私の方が真理に近いな。あっはっは」とか、ちょっと何を言ってるかわからないことを言うので、街のみんなに煙たがられていました。

そのおじさんの名前はソクラテス。後に世間では、キリスト・釈迦《しゃか》・孔子とならんで「世界四大聖人」とまで言われる人ですが、いわゆる「立派な」生活をした人では決してなく、こんな風に街をブラブラしては若者や知識人をつかまえて「語ろうではないか」とか言って時間を潰す、現代にいたら「**近所のちょっとめんどくさい話好きのおじさん**」みたいな人でした。

おまけにこれと言った職にもついていなかったので貧乏で、奥さんには年中「そんな暇つぶしみたいなことばっかりして!!　働け!!」と怒られていたそうです。

さてしかし、ソクラテスがただの「めんどくさいおじさん」であれば、後世までこんなに「哲学者の代名詞」みたいに名が残ることもありません。彼が哲学者だということは、この本の定義に従えば「〝あたりまえ〟を変えた人」だったということです。ソクラテスはどんな〝あたりまえ〟を壊したのでしょうか。

当時、神話という〝あたりまえ〟が崩壊したので、人は何を基準にして生きればいいかわからなくなってしまいました。そこに紀元前460年頃、ソクラテスが10歳くらいのときに、プロタゴラスという人が現れて「人間が万物の尺度である」と言いました。「何を基準にして生きるかは、神ではなく人間が決めて良い」ということです。これは現代からすると、至極まっとうな意見のように思えます。

しかしこの言葉はまもなく「だから、議論をして勝った人が正しいのだ」ということになってしまいました。そしてさらには「自分が正義とされるために、議論のテクニックが必要だ」ということにさえなってしまいました。あきらかに本末転倒なのですが、しかしこんなわけでアテナイにディベートの大ブームが起こってしまったんです。

ディベートの「勝ち」に価値はある？

そこで、議論のテクニックに長け、それを人々に有料で教える職業が生まれました。彼らは「ソフィスト（知を与えてくれる者）」と呼ばれ、プロタゴラスはそのトップに君臨しました。詭弁《きべん》を使おうが何をしようが、とにかく議論で相手を打ち負かせば自分は正義を主張できるということで、ソフィストに支払う授業料は高騰していきました。

アテナイの政治にもソフィストの影響が出始めて、政治家たちは政治そのものではなく、政敵を論破することだけを考えるようになり、お互いの揚げ足取りばかりをするようになりました。つまりディベートに勝ちさえすれば権力者にもなれるようにな

ってしまい、せっかくの民主主義が機能しなくなってしまったんです（なんだか、どこかで見慣れた光景のような気もしますよね）。

そんなわけでディベート技術を教えるソフィストの価値はさらにバブルのように高騰し、プロタゴラスが1回の講義をすると、軍艦が買えるほどの報酬が発生したとかいう話さえあります。

そんな世の中をみてソクラテスは「それは違うと思うぞ！」と声をあげたんです。ソクラテスは「**議論の勝ち負けなんかに関係なく、本当に『正しい』ということが、たとえ目には見えなくとも、あるのだ**」と考えました。そしてソフィストたちに立ち向かいました。

ソクラテスの論法は「**問答法**」とか

「産婆術（さんば）」とか呼ばれます。自分から自分の意見を主張するのではなく、相手に問いかけることで、相手自身に考えさせ、答えを出させる、という方法です。……と言えば聞こえはいいのですが、この論法は現代の議論のルールからすればちょっとルール違反でもありました。それは、たとえばこんな論法だからです。


「君はリンゴがどんなものか知っているか？」

「それは赤くて甘い木の実だ」

「では甘いとはどんな味だ？」

「……!?」

「では赤いとはどんな色だ？」

「……!?」

「甘いも赤いも説明できないなら、君はリンゴを知らないじゃないか」


ちょっとズルですよね。自分では何も主張せず、相手のボロが出るまで質問をし続けるのですから。もちろん実際はもっと高尚な質問をしたのですが、質問に質問を重ねて相手の答えの矛盾を待つ、という意味では同じです。質問に質問で返すというのは議論の場では好まれませんし、一種の反則ともされますが、ソクラテスはひたすらこれをやったんです。何かを問われても「私は知らないから君が教えてくれ」といった具合です。ほんとに厄介なおじさんだ……。

「無知の知」なんて言うから嫌われた

しかしソクラテスがこんな論法を使ったのは、ただの意地悪ではないんです。**ソクラテスは「俺はなんでも知っている！」と誇っている相手に、「自分には知らないことがある」ということに気づいて欲しかったんです。**これが有名な「**無知の知**」ということです。

「知らない」という自覚から、学問も考察も思索も始まります。「知っている」人はそのことについてそれ以上考えたり追求したりしないんです。ソクラテスは「世の中にはわからないことがたくさんあるよね。だから一緒に考えよう！」と言ったんです。決して「あの知ったかぶりに恥をかかせてやった！　思い知ったか！　ざまぁみろ！」なんて意地悪な気持ちだったわけじゃないんです。

……と、それでもやっぱりソクラテスは人々から嫌われました。特にソフィストた

ちからは憎まれました。そりゃそうですよね、ソフィストたちからみたら営業妨害ですから。それでソクラテスは「世の中を乱して若者を堕落させた」という罪で投獄され、死刑判決を受けてしまいました。この裁判の様子を、弟子のプラトンが記録したものが『ソクラテスの弁明』という本です。

　彼を憎む人が多かった一方で、このプラトンをはじめソクラテスを愛する人たちもたくさんいましたから、ソクラテスは死刑を免れて脱獄することさえ可能でした。しかしソクラテスはそうはせず、自らすすんで毒杯を飲んで命を断ちました。

　ソクラテスにとって脱獄は「正しくな

いこと」であり、それをいくら周りの人が「正しい」と判断するとしても、自分が行うべき行動ではないと考えたと言われています。ソフィスト的な考えをすれば脱獄だって、それを正しいとする人がたくさんいればそれは「正義である」ということになります。

しかしソクラテスは「いかに多くの人に支持されようが否定されようが、『正しい』ことは変わらない」と考えました。

ソクラテスは「真実は議論と多数決で決まる」という〝あたりまえ〟を否定し「**真実は人の意見に影響されない**」という〝あたりまえ〟を提示しました。そして「**ただ生きるのではなく、善く生きなければいけない**」という〝あたりまえ〟も提示しました。さらには「知っている」ということは偉くもなんともない、それよりも「知らない」ことを認めることの方が人間には大切なことである、という現代の学問にも脈々と流れる〝あたりまえ〟も提示しました。

哲学史はもちろん、学問史において、いやもはや人類史において非常に重要な〝あたりまえ〟を立ちあげた人物がソクラテスです。

新しい〝あたりまえ〟と古い〝あたりまえ〟

聖書に「義に飢え渇く者は幸いです。その人たちは満ち足りるからです」（マタイの福音書5章6節）という聖句がありますが、ソクラテスならこれにこんな風に付け足すかもしれません。「知らない者は幸いです。その人たちは知ることができるからです」。

一方で、ソクラテスを語るときに、どうしても「悪役」になりがちなプロタゴラスをはじめとするソフィストたちも、現代に通じる大きな〝あたりまえ〟を提供しています。それはソクラテスが建てたのとは反対の「真実は人が決める」ということです。もっと現代風に言えば「良いか悪いかは、みんながそれぞれ決めればいいじゃない？」ということです。絶対の正義や価値観なんてものはなく、それは各々が相対的に決めればいいことだということです。

現代社会の「価値観の多様化」は、ソクラテスの〝あたりまえ〟とは反することで、むしろプロタゴラスの〝あたりまえ〟に近いことです。

……と、いうわけで〝あたりまえ〟に、善悪も優劣もないんです。新しい〝あたりまえ〟が古い〝あたりまえ〟よりも必ずしも優れているわけでもないですし、ある時代に衰えた〝あたりまえ〟が劣っているわけでもないんです。

たぶん今の世の中で、名前を伏せた上でソクラテスの〝あたりまえ〟とプロタゴラスの〝あたりまえ〟の人気投票をしたら、プロタゴラスが勝つのではないかと思います。だって「絶対の正義があるのだ!」と言うよりも「正義は人それぞれだよ」と言う方が耳に優しいですし、争いも招きませんからね。

「価値観の多様化」というのは21世紀の新しい思想ではなく、すでに紀元前からあった思想なんです。

2-4

プラトン
――「本当のもの」は見えない

哲学者なのに実はマッチョ

ソクラテスは、実は自分では一冊も本を書きませんでした。それでもその思想が現代にまで残っているのは、弟子のプラトンがソクラテスの思想と言動を書き記したからです。

このプラトン、プラトンの弟子のアリストテレスと並んで「史上最強の哲学者」と呼んで差し支えないほどの、まさに「知の巨人」です。後世の哲学者ホワイトヘッドが「現代までのあらゆる哲学は、プラトン哲学の注釈にすぎない」とまで言ったほどです。

プラトンという名前は本名ではなく、本名はアリストクレスと言いました。しかし

体格が良くレスリングが強かったので「肩幅が広い」という意味で「プラトン（広い）」と呼ばれるようになったのだそうです。哲学者というとヒョロッとした体の弱い人物を思い描きがちですが、プラトンはマッチョだったんです。

　プラトンはアカデメイアという土地に、自分の学問を研究する場をつくりました。これが世界で最初の大学だとも言われています。そして、その場はその地名をとって「アカデメイア」と呼ばれました。**現代の「アカデミー」とか「アカデミック」という言葉の語源になったのがこの「アカデメイア」です**。このことだけを考えても、いかにプラトンが後世の学問に残した影響が大きなものかわかります。

このアカデメイアができたのが紀元前387年、閉鎖されたのが西暦529年ですから、約900年にもわたって学問の研究を続けたということです。これを今の日本に置き換えれば、平安時代の終わり頃にできた学術機関が、今でも大学として残っているようなものです。このアカデメイアでは哲学だけではなく、算術、幾何学、天文学など、さまざまな学問が研究されました。まさに総合大学みたいな場所だったんです。

プラトンの二元論

さて、プラトンの思想を端的に表現すると「二元論」ということになります。プラトンはたとえば「人間」を、「精神」と「肉体」の二つの要素から成立していると考え、精神をその本質だと考えました。**そして人間だけでなく、あらゆるものに「目に見える部分」と「目に見えない本質」があると考えました**。この「目に見えない本質」を「**イデア**」と呼び、そのイデアが存在する世界を「**イデア界**」と呼びました。

私たちの生きているこの目に見える世界はイデア界の影にすぎず、あらゆるものの本質はイデア界にあるとプラトンは考えたんです。プラトン以前の〝あたりまえ〟は

「目に見えないものは存在しない」というものでした。反対に言えば「存在しているものは目に見える」ということです。もちろん、たとえば空気はそれ自体は目に見えませんが、「空気が動いて風が吹けば葉っぱが飛ぶ」のような形で観察することができます。タレスやデモクリトスの議論も、アルケーや原子は目に見えませんが、その集合体である物質は目に見えますし、触ることもできます。

しかしプラトンは「**人間の身体感覚では認識できない世界がある**」と言って、その〝あたりまえ〟を壊したんです。

そこにある三角形は本当に「三角形」?

たとえば、ここに三角形があるとします。誰もがこれを見れば「これは三角形だ」とわかります。が、実はこれは完璧な三角形ではありません。三角形というのは「同一直線上にない3点を3本の線分で結んだ図形」ですが、これをたとえばこの本の上で表現するには、インクで印刷しなくてはならず、インクで記された線はインクのにじみがあったりして、顕微鏡で見れば厳密な「直線」ではありません。

そもそも「線」というのは幅を持たないものなので、インクで印刷された時点でそれはインク分の幅を持ちますから、厳密にはすでに「線」ではなく細い「面」です。「それなら！」と、線を厳密な意味での「線」にすれば、それは目で見ることができなくなります。

つまり、**完璧な三角形は、目で見ることができない**のです。反対に言えば、目で見えるならそれは完璧な三角形ではない、ということです。

しかし、この「本当は三角形ではない図形」を「これは三角形だ」と人間は認識することができます。これはプラトンによれば、人間はこの世に生まれる前にはイデア界にいて、あらゆるイデアを見ているので、「本当は三角形ではない図形」を見たときに、イデア界で見た「本当の三角形」を**想起（アナムネーシス）**する、つまり「思い出す」ので、「これは三角形だ」と認識できるのだ、ということになります。

つまり不完全な線分による不完全な三角形を、イデア界で見た完全な線分に頭の中で置き換えることによって補完し、「完全な三角形」を頭の中で認識することができる、ということです。

◆三角形の図は本当に「三角形」？

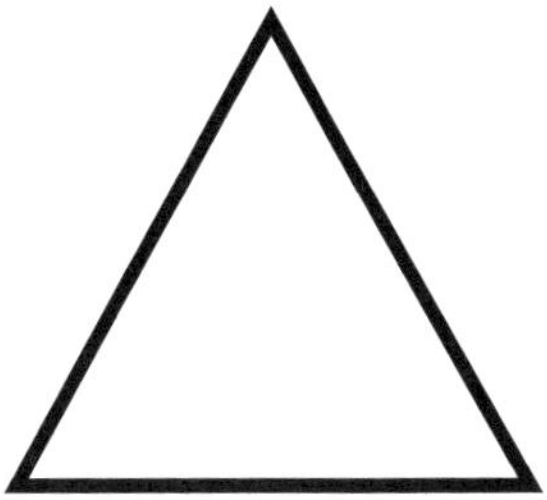

精神は不完全な形でしか現れない

同じように人間も、肉体という物質を通してしかこの世には存在できないので、その存在の本質である精神は、この世には完全に現れることができない、とプラトンは考えました。**人間に求められる善とか徳とか言われるものは、そんなわけで、この世には完全な形では存在しない**ということです。

肉体には、お腹が空いたり、眠くなったり、疲れたり、という制約があります。この制約がある限り、精神はちゃんと働くことができず、それがちゃんと働けるのはイデア界でのこと、ということになります。

反対に言えば、肉体による制約を最小限にすれば、精神はより良く働くことができます。ですからプラトンは「**肉体は悪だ。精神こそが善だ**」と考えるようになりました。この考え方は後のキリスト教にも、聖書や教義の解釈の上で大きな影響を与えました。マニ教という宗教や、教会に異端とされた「グノーシス」と呼ばれる考え方は、この影響を受けたものでした。

プラトンと哲人政治

この「イデア論」がプラトンの思想の最も有名なところで、「**プラトンと言えばイデア！**」と覚えてしまって良いくらいです。ここからプラトンはさらに発展して、「国家とは何か」とか「理想の政治家とはどんな人か」を考えました。

それまでの〝あたりまえ〟では、良い政治家とは「戦争に強い人」とか「議論に強い人」でした。しかしプラトンは「そうじゃない！」と言いました。政治家は肉体による制約によって「正しい行動」を妨げられてはいけない。欲望や本能によって左右されてはいけない。つまり、イデアをきちんと想起できる哲学者こそが理想の政治家であると言いました。これを「**哲人政治**《てつじん》」と言います。

プラトンがこの「哲人政治」を言い出したのは、当時のアテナイの政治が腐敗していたからかもしれません。

王政を選べば王様が堕落して独裁制になってしまうし、貴族政を選べば貴族が堕落して寡頭政《かとう》になってしまうし、民主政を選んでもやっぱり民衆が堕落して衆愚政《しゅうぐ》になってしまう。

つまり、どんな政治体制を選んでも結局、人間の堕落によって台無しになってしまう。だったら、**きちんとイデアを想起して、堕落しない人間が政治をやればいい、とプラトンは考えたんです**。

現代人はついつい民主主義を「新しくて正しい」と思ってしまいがちですし、「王政なんて時代遅れの悪いもの」なんて思ってしまったりさえしますが、プラトンの時代からそれはすでに試行錯誤されていて、しかもすでに失敗していたんです。

プラトンに言わせるなら、王政なら王一人が哲人であればそれで堕落を防げますが、民主主義は民衆みんなが哲人でなければ堕落を防げませんから、現代の民主主義の在り方を見たら「ほら言わんこっちゃない」と言うかもしれません。

……と、かなり駆け足でざっくりとプラトンを紹介しましたが、「**目に見えない世界にこそ、存在の本質がある！**」と考えたのだということを覚えておいてください。

2-5

アリストテレス
――あらゆる学問の父

プラトンの前から去ったアリストテレス

哲学史上、西の横綱がプラトンならば、東の横綱と呼べるのがアリストテレスです。**アリストテレスはもはや「哲学の横綱」というよりは「諸学問の横綱」と言った方がいいかもしれません**。哲学のみならず、ありとあらゆる学問の中に、アリストテレスの影響を受けていないものは一つとしてないと断言してしまえるくらいです。人類史上最強の「知の巨人」です。

アリストテレスはもともとプラトンの弟子で、アカデメイアで勉強していました。それも17～18歳で入学して、そこで20年ほど学び続けたと言いますから、プラトン先

生の片腕くらいの立場になっていたかもしれません。

しかしあるとき、彼はアカデメイアを去りました。プラトンは「アリストテレスー！　どうしていなくなるの～!?」と嘆いたと言われています。この理由は明らかにはなっていないのですが、おそらくアリストテレスは「プラトン先生のところで20年学んだけれど、先生の考えと僕の考えはどうも違うようだということがわかった」と考えて、プラトンから離れて自分の研究を始めたのではないかと思います。

剣道の教えで「守破離《しゅはり》」という言葉があります。これは師匠の教えをはじめは守り、そして熟練したらそれを破り、破ったらそこを離れて自分の道を追求しなさい、という意味です。アリストテレスはまさに、この「守破離」をやったのではないかと思います。

あらゆるものには4つの原因がある

プラトンは「存在の本質はこの世ではなくイデア界にある」と考えましたが、アリストテレスは「**いいえ、そうじゃなくて存在の本質はちゃんとこの世にあるのです！　それはそれぞれの存在の中にある、すなわち内在しているのです！**」と考えました。

アリストテレスは、あらゆるものはそれ自身の中に、そこに存在するための4つの原因を持っていると考えました。その4つとは「**質量因（材料）**」、「**形相因（どんな形か）**」、「**作用因（どんな力が働いたか）**」、「**目的因（なんの目的を持っているか）**」です。

たとえば、ここに革ジャンがあるとしたら「質量因」は「革」で、「形相因」は「前あきの長袖の服」、「作用因」は「皮をなめしたあと、切ったり縫ったりした」で、「目的因」は「防寒のためとかオシャレのため」ということになります。

つまりアリストテレスは「存在を説明するのに、目に見えない世界なんか持ち出す必要はないんです！　そのもの自体をしっかり観察すればわかることなんですよ！」

と、プラトンのイデア論から脱したんです。

この「質量因」について、アリストテレスはかつてエンペドクレスが唱えた説を採用して、**あらゆる物質は「火・空気・水・土」の四元素からできていて、その元素が「温・冷」と「湿・乾」という性質と組み合わさって構成される**と考えました。

今の科学からすると「ちょっとシンプルすぎない？」と思ってしまうような考え方ですが「元素とその状態によって物質の在り方が決まる」と考えれば、現代科学と矛盾するものではありません。**むしろ顕微鏡もない時代に、現代科学の結論をすでに予測していたとも言えます**。


もし皆さんに時間があれば、身の回りのものを10個か20個くらい、この４つの原因を使って分析してみてください。意外とそのものについて知らないこととか、新しい視点とかが出てきます。

たとえば「これって材料はなんだろう？」とか「どんな加工をしてこうなってるんだろう？」とか「これって何のためのもの？」とかです。アリストテレスはこの作業をかたっぱしからやりました。４つの原因を使ってあらゆるものを分類したんです。

アリストテレスとキリスト教

彼はさまざまな物理運動も観察して、**地球上の物理法則に従う世界を「地」、従わない世界を「天」としました。そして「地」のものは変わりゆくけれど「天」のものは変わらない、と考えました**。

たとえば高いところにあるものは必ず地面に落ちるけれど、うんと高いところにある太陽や月や星は落ちてきません。つまり太陽や月や星は「天」の世界のものであって、それは変化しないということです。これはニュートンによって「地上でも宇宙でも同じ物理法則が働いている」ということがわかるまで、物理学の〝あたりまえ〟でした。

そして、アリストテレスによって天動説も世界の〝あたりまえ〟になりました。地球を中心にそれを囲むように無数の階層を持つ「天」が存在し、それぞれの階層がそれぞれの動き方をするから、星々は複雑な軌道を描くのだ、とアリストテレスは考えました。そして、その一番外側の階層には「第一動者」がいて、それがあらゆる運動の原因だとしました。この「第一動者」は「神」とも呼ばれました。

これが後のキリスト教会が、天動説を肯定していた理由です。**アリストテレスは「神」を設定して学説を展開していたので、彼の唱えた天動説はキリスト教との親和性が高かったんです。**また、そうでなくともアリストテレス以降、約２０００年ほどは「科学＝アリストテレス」という時代が続きましたから、教会が科学的であろうとすれば、それはアリストテレスを肯定するということと同じだったんです。

よく「キリスト教が天動説を唱えた」と勘違いされますが、聖書には天動説を示すような文言は一つも出てきません。教会が天動説を支持したのは聖書ではなく、アリストテレスに根拠があったんです。つまり、有名なガリレオの地動説論争も、よく言われるような「キリスト教vs科学」という対立ではなく「アリストテレスの科学vs新しい科学」という対立だったんです。

何事もほどほどが一番

人間の生き方についてもアリストテレスはプラトンのように「肉体が悪で、精神が善だ」という二元論はとりませんでした。その代わりに「**中庸**《ちゅうよう》」を人間のあるべき姿だとしました。簡単に言えば「**何事もほどほどがいい**」ということです。たとえば「勇気」は「蛮勇」と「臆病」の間にあるちょうどいいものです。「蛮勇」も「臆病」も人間の中にある性質です。それをちょうどよくバランスをとるところに知恵があり、そこに幸福があると考えました。

プラトンが「ここではないどこか」であるイデア界に真理や幸福を求めたのと対照的に、アリストテレスはどこまでも「ここ！」に真理も幸福もあるのだと考えたんです。

プラトンは、視覚にせよ聴覚にせよ、五感は肉体に属するものなのでそれに頼るのは間違いのもとであって、あくまでも自分の内側の思索とか想起によって真理を求めるべきだと考えました。つまり「内向的」な思想なんです。一方、アリストテレスはまずは五感を使って物事を観察することから始めなければならないと考えました。すなわち「外向的」な思想です。

現代人から見ると、プラトンよりアリストテレスの方が正しいように見えるかもしれません。でも、これは「どちらが正しい」という問題ではありません。

物質的世界にこだわりすぎれば世界は無味乾燥なものになってしまいますし、精神的世界に没頭しすぎれば世界は現実味を失います。この両方をうまいことバランスして「ちょうどいいところ」を模索するところに、これからの世界のヒントがあるのかもしれません。

論理学の生みの親

またアリストテレスは論理学も確立させました。「ソクラテスは人間である。人間は死ぬ。故にソクラテスは死ぬ」、式にすれば「A＝BでB＝CならA＝Cである」となる「**三段論法**」はアリストテレスが体系化したものです。

まずこの世の物事をしっかり観察し、その観察結果から出発して論理的に考察を進めれば、世の真理に近づくことができる、という諸学問の〝あたりまえ〟をつくったのがアリストテレスなんです。

……と、アリストテレスが体系化したものを羅列していたら、それだけで本が一冊終わってしまいます。とにかく「あらゆる学問の土台をつくった人」だと覚えていただければ良いかと思います。そして「**目に見える世界に、出発点を置こうぜ！**」と考えたのだということを知っておいてください。

ちなみにアリストテレスもプラトンのアカデメイアに対抗してか、「**リュケイオン**」

という学校をつくりました。これもアカデメイアと同じように地名がそのまま学校名として使われるようになりました。アリストテレスは散歩しながら弟子に教えるのが好きでよくそうしていたので、彼らは「**逍遥**《しょうよう》**学派**」と呼ばれました。つまり「おさんぽ学派」ということです。ちょっとほっこりしますよね。

この学校もアカデメイアと同じくらいまで続きました。アカデメイアとリュケイオン、現代日本で言えば「東大と京大」とか「慶應と早稲田」みたいにライバルとして900年も対抗心を燃やしつつ、研究を続けました。

2-6

ヘレニズム時代
――ギリシアからキリスト教への架け橋

領地拡大によって壊された各地の〝あたりまえ〟

ギリシアからエジプト、ペルシア（現在のイラン）にまたがる巨大な帝国を築いたアレクサンダー大王が世界に与えた影響は絶大なものでした。**それまで「国」というのは各地方に点在しているものであったのが、アレクサンダー大王によって一つの「巨大な国」になった**からです。

完全に別々に育ってきたさまざまな文化、特にギリシア文化とペルシア文化が合流し、融合し、新しい文化をたくさん生み出しました。紀元前３３０年頃のアレクサンダー大王の治世から、紀元前30年にアレクサンダーの最後の後継国であったプトレマイオス朝エジプトが滅亡するまでの３００年がその時代で、**ヘレニズム時代**と呼ばれます。

イエス・キリストが生まれたのが紀元前4年ですから、「ソクラテス・プラトン・アリストテレスの時代」から「キリスト教の時代」へのちょうど架け橋になったのがこの時代だと言えます。


アレクサンダー大王による領地拡大は、多くの人にとってそれまでの〝あたりまえ〟が破壊される出来事でした。それまで頼っていた文化や社会制度が急速に変わり、「社会ってなんなの?」とか「自分はどう生きればいいの⁉」と思う人が急増しました。

さらには「社会は変わってしまうからあてにならない。だからひたすら自分一人の幸福を追求しよう!」と考える人も増えました。そういう人たちは前にお話ししたエピクロス派やストア派の門をたたきました。キュニコス派に行く人はあんまりいなかったみたいです。さすがに樽に住むのは嫌だったのでしょう。いずれにせよ**「わたしはどうしたらいいのか、というのが問題になりました**。

一方で、**アレクサンダー大王の遠征は「より大きな社会」を生み出しました**。それまでは誰もが「自分はこの街（ポリス）の住民であって、構成員である」と思っていたのが、「自分は世界の住民であって、構成員である」という意識が生まれたんです。

「どこのポリスの住民であっても、世界の住民であることは変わらない」——この「世界国家」への意識を**コスモポリタニズム**と呼びます。

「個人主義（わたし）」と「より大きな社会（わたしたち）」という正反対のベクトルに、人々の思いは同時に向いたんです。これが次の時代、つまりキリスト教の時代への布石になります。人々が要求していた逆ベクトルの二つの要請に応えることができたのがキリスト教だったんです。

少し話がずれますが、もしイエス・キリストが生まれたのが前にでも後ろにでも100年、いえ10年、いやもしかしたら1年でもずれていたら、キリスト教は今のような世界宗教にはならなかったでしょうし、そうしたら現代世界はまったく違ったものになっていたでしょう。

これはクリスチャン流に言うならば「神様が完璧なタイミングでイエス様を与えてくださった」ということになります。聖書のことばを引用すれば「神のなさることは、すべて時にかなって美しい」（伝道者の書3章11節）です。

キリスト教では、神は人間と別世界の存在ではなく、この歴史に介入するのであると考えます。神様の世界と人類の歴史は無関係では決してなく、密接なつながりを持っているんです。

歴史が変われば〝あたりまえ〟も変わりますから哲学も変わります。つまり神は歴史にも哲学にも介入します。歴史も哲学も神の影響なしには存在し得ないということです。「神々の世界」と「人間の世界」は別物であって、神は人間の歴史には関わらないのだという〝あたりまえ〟を、神は人間の歴史に介入する、という新しい〝あたりまえ〟に書き換えたのがキリスト教なんです。

閑話休題。このように現れたコスモポリタニズムの中で、「人々が共通して守るべき、また守ることのできるルールは何か」ということが強く問われました。その問いへの一つの答えがローマ帝国の「万民法」で、あらゆる人種・文化を超えて、人が等しく守らなければならないルールでした。

広範囲のさまざまな人たちが共通して守るルールという概念ができたのは、このコスモポリタニズムによるんです。

そしてギリシア語が共通語になった

また言語的にも人々はもともとさまざまな言語を使っていましたが、この時代にギリシア語が共通語として用いられるようになりました。これによって広範囲の人たちに意思や思想が伝わるようになりました。

これにともなって、エジプトのアレクサンドリアでは巨大な図書館（ムセイオン）が建てられました。**言語が統一されたことで知識の蓄積ができるようになったんです**。共通通貨がないと銀行が意味をなさないように、共通言語がないと図書館の意味も半減します。つまり図書館って「知識の銀行」みたいなものなんです。

これができたということは、哲学をはじめ諸学問の世界では新しい巨大な〝あたりまえ〟の転換でした。このムセイオンから、幾何学で有名なユークリッドが出ましたし、物理学の分野ではアルキメデスが出ました。エラトステネスは地球の大きさをほぼ正しく計算しました。またアリスタルコスという人は、紀元前3世紀頃にすでに地動説を唱えました。

ちなみにアリスタルコスのこの説は2世紀頃にプトレマイオスによって否定され、その後はコペルニクスが現れるまで日の目を見ることがなかったのですが、そのコペルニクス自身、アリスタルコスのことは知らなかったんだそうです。

今でもヨーロッパ文明の基礎はヘブライズムと、このヘレニズムの二つにあると言われています。ヘブライズムというのはこれから出てくるキリスト教、およびユダヤ

教の思想のことです。つまり**「世界国家」の意識とキリスト教がヨーロッパ文明を牽引した**ということです。

そして、プトレマイオス朝の滅亡によってアレクサンダー大王の影響が消え去っても、世界国家という概念はローマ帝国によって継承され、コスモポリタニズムもそれ以来、現代に至るまでずっと継承されています。「世界市民」という言葉は現代の感覚からすると「新しい」イメージを抱きますが、紀元前からあったんです。そして「いろんな人種や属性の人たちが一緒に快適に暮らすためにはどうしたらいいだろう?」ということも、その頃から考え続けられてきたんです。

2-7

新プラトン主義
——二元論から一元論へ

「プラトン」と「新プラトン主義」は別物

プラトンやアリストテレスが活躍してから５５０年ほど後のこと、すでにヘレニズム時代も終わり、さまざまな思想が交流するようになっていたのですが、その中から「プラトン先生は偉かった！　だから改めてプラトン先生の思想を勉強しよう！」という人たちが現れました。この人たちの考え方を「**新プラトン主義**」と呼びます。

この代表的人物が**プロティノス**という人で西暦２０５年頃の生まれとされていますからイエス・キリストよりもさらに２００年ほど後の人物です。ですからこの本でも、時系列的に並べるのであれば先にイエス・キリストを扱うという手もあったのですが、実はこの新プラトン主義は、プラトンやアリストテレスのいわゆるギリシア哲学と、キリスト教思想とを結びつける接着剤のような役割を果たしたので、そのあたりをわかりやすくするためにも、先に書いてしまうことにします。

プロティノスの思想は出発点は確かに「新プラトン主義」の名前の通り、プラトンのイデア論にあったのですが、そこからかなりプラトンの考え方から離れた思想を展開しました。ですから**「プラトン」と「新プラトン主義」はまったく別物**と考えてください。これを混同してしまうと、これからの話がわかりにくくなります。

二元論から一元論へ

プラトンが二元論で思想を展開したというのは先にお話しした通りです。プラトンの中ではイデア界と現実世界はまったく別の世界であって、交わることはありません。しかし、**プロティノスはこの二元論を一元論へと転換しました**。

プラトンはイデアの中でも最高のものを「善のイデア」としましたが、プロティノスはこれを「**一者（ト・ヘン）**」と呼びました。そして、**世界のあらゆるものはこの「一者」から「流出する」**のだと考えました。つまりイデア界という水瓶から現実世界に水が流れ落ちるようにして、さまざまなものが存在しているということです。

4回も我を忘れたぞ

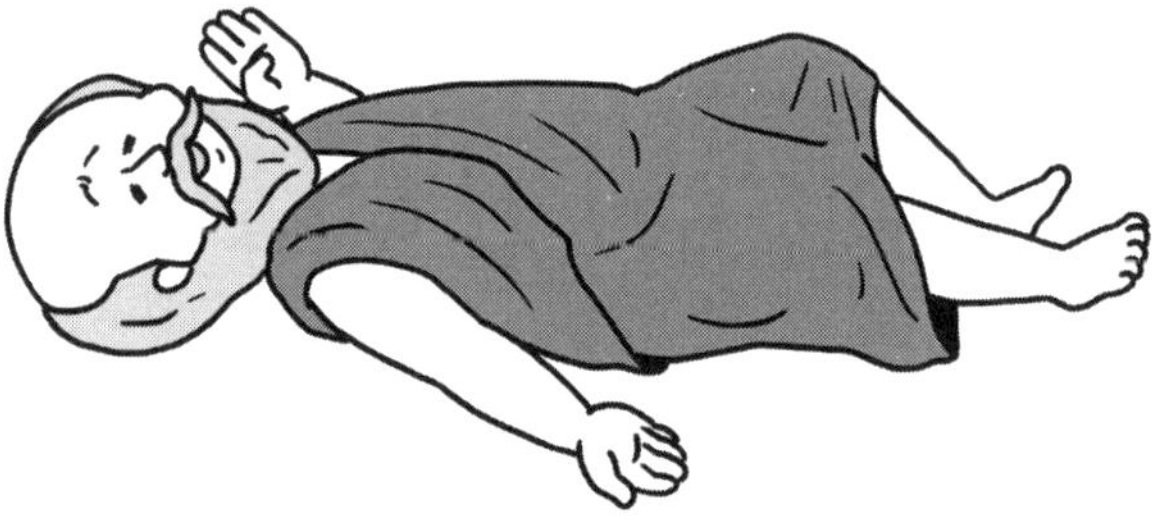

そしてプロティノスはその「一者」に近いことを「善」、遠いことを「悪」としました。太陽の光をたくさん受ければ体は温まります。受けられなければ体は冷えます。「温かい」「冷たい」は別々の状態ではなく、熱をたくさん受けたか受けていないかの違いです。つまり「冷たい」は「熱の欠乏」です。

同じように**「一者」の光をたくさん浴びれば「善」であり、浴びられなければ「悪」である**、とプロティノスは考えました。「善」と「悪」は別々に存在しているわけではなく、「善の欠乏」が「悪」であると考えたんです。

そして最終的にはその「一者」と一体

になり、我を忘れる経験をすることが、人間にはできるのだと、プロティノスはそう説きましたし、「私はそれを4回経験したぞ」と主張しました。

ちなみに、この「一者」と一体となることを**エクスタシス**と呼び、現代のエクスタシーの語源です。こうなってくると「ちょっと怪しい宗教っぽいぞ……」と思う方もいらっしゃるかもしれません。しかし当時は神様を自分で体験しようとする「神秘主義」というのが流行していましたから、プロティノスも自分の思想を表現するのにその流行に乗ったところもあるのかと思います。

神秘主義とイデア論

神秘主義とは「それが存在するなら自分で経験できるはずだ」と考えることから始まりました。反対に言えば「経験できないなら、それは存在しない」となります。ですから神であれ思想であれ「それを経験する」ことが重視されたんです。そしてその手の「目に見えない」ものについての経験は「神秘的な」ものになりがちですから、これが神秘主義と呼ばれるようになったんです。

現代の感覚でプロティノスを学ぶと「オカルト体験が好きな人」みたいなイメージ

になってしまうかもしれませんが、経験を重んじる風潮があったので彼も「これは経験できるのだぞ！」と強く主張せざるを得なかったのだと思います。

さらに言えば、**プラトンのイデア論を「経験し得るもの」にしたのがプロティノスの業績の一つと言えるかもしれません**。

前にお話ししたようにプラトンは「精神は善、肉体は悪」つまり「目に見えないものが善、目に見える物体は悪」と考えたのですが、プロティノスは「目に見えるものでも美しいものはあるし、目に見えないものでも醜いものはあるじゃないか」と考えました。それで、精神でも肉体でも関係なく、「一者」の影響を強く受けていれば「善」で、影響が少なければ「悪」だとしたんです。このことによってプロティノスは肉体を悪とする二元論的な風潮から思想を脱却させせました。実はこのことはとんでもない〝あたりまえ〟の転換だったんです。

世界最古の宗教は（「宗教」という言葉の定義にもよりますが）紀元前1000年頃に生まれたゾロアスター教だと言われます。「最初の哲学者」タレスよりもずっと前の時代です。このゾロアスター教は「善悪二元論」をとる宗教です。神様には善い神様と悪い神様がいて、善いものはすべて善い神様がつくり、悪いものはすべて悪い神様がつくるのだと、彼らは考えました。

「善vs悪」というハリウッド映画とか特撮ヒーローもののようなストーリーで世界は解釈されていたんです。そして、それが〝あたりまえ〟でした。プラトンももしかしたら意識的にでも無意識的にでもその影響を受けていたかもしれません。

とにかく、紀元前の世界では二元論が〝あたりまえ〟のことだったんです。それをプロティノスは崩しました。

新プラトン主義とキリスト教

そしてプロティノスの考え方が、後にアウグスティヌスという人によってキリスト教思想に用いられたとき、世界にとんでもなく巨大な〝あたりまえ〟が登場することになるんです。

この新プラトン主義は教科書ではあまり大きく扱われないのですが、その理由はこの思想がギリシア哲学とキリスト教の強力な接着剤となったことを軽視している、あるいはキリスト教を知らないためにその事実に気づけない、あるいはそもそもキリスト教に興味がないから新プラトン主義にも興味がないかのどれかでしょう。

「二元論か一元論か」という問題は「ゾロアスター教かキリスト教か」とか「多神教か一神教か」という宗教の問題として扱われがちですが、実際は現代に至るまでこの問題は世界を大きく動かし続けています。

現代社会で問題になっている「分断」をはじめ、さまざまな問題がここに端を発しています。それは「悪」というものが存在するかしないかの問題だからです。プロティノスによれば「悪」は存在しません。それは「善の欠乏」でしかないからです。ですから「悪」は攻撃対象になりません。しかし二元論的に「悪」が存在すると考えれば、それは攻撃すべき対象になりますから、そこに「分断」が生じるんです。

新プラトン主義がわかるとキリスト教がわかります。反対に、キリスト教がわかると新プラトン主義がわかります。そこから逆算してプラトンもわかりますし、ソクラテスもわかります。そこがわかるとアリストテレスもわかってきます。

ここまで「キリスト教以前」の思想について書いてきましたが、「キリスト教以前」を理解するためにも、これからお話しするキリスト教を知ることは大きな武器になるんです。

第3章

キリスト教と哲学はどうつながるの？

3-1

ユダヤ教から生まれたキリスト教

ユダヤ教にとっての〝あたりまえ〟

キリスト教のお話を始める前に、まずその「前身」となったユダヤ教について少しお話ししようと思います。イエス・キリストという人は、何もないところからいきなりドカンとキリスト教を立ち上げたのではなく、このユダヤ教をベースとしてキリスト教を立ち上げたからです。

つまり、もともと**ユダヤ教という〝あたりまえ〟があって、それに対する新しい〝あたりまえ〟としてキリスト教が成立し、そしてそれはユダヤ教だけでなくあらゆる〝あたりまえ〟に影響を与えたんです。**

ユダヤ教の起源には諸説ありますが、一つの有力な説ではその始まりは紀元前１３００年頃とされています。これは先にお話ししたゾロアスター教よりも古いということになるのですが、ユダヤ教がユダヤ教としての確固としたアイデンティティを確立したのは紀元前５９７～５３８年のバビロン捕囚の頃だと言われていますし、ユダヤ教の正典である旧約聖書が完成したのは紀元前５００年頃のことです（これも諸説あります）。

ちなみに「旧約聖書」という呼び名は「新約聖書」を持つキリスト教の立場からの呼び名で、これを唯一の正典とするユダヤ教では単に「聖書」と呼びますが、この本では便宜上「旧約聖書」と呼ぶことにします。

旧約聖書のメインディッシュは「歴史」と「律法」です。神様が世界を創造した天地創造から始まるイスラエル民族の「歴史」と、その歴史の中で神様から与えられた、人々の守るべき「きまり（律法）」が書いてあります。「きまり」の最もシンプルなものが、モーセを通して人々に与えられた「**十戒**《じっかい》」です。

この「きまり」は「神様からの命令」であり、これを守る人は神様に愛され、守らない人は呪われるのだ、ということが、たくさんの実例を交えて記されているのが旧約聖書です。ですからユダヤ教の世界では律法を守ることが非常に重要視されます。そして十戒や、その他聖書に記されているさまざまな律法から派生して、イスラエル人たちはさまざまな細かい「きまり」をつくり、その中で生活していました。

ここには二つの大きな〝あたりまえ〟がありました。まず「**きまりを守る人が祝福され、守らない人は呪われる**」ということ。もう一つは「**このきまりはイスラエル人のものである**」ということです。

少なくともユダヤ教においては、旧約聖書に記されている歴史は「イスラエル民族の歴史」であり、律法は「イスラエル民族が守るべき律法」なんです。つまり旧約聖書はイスラエル民族に対して記された書であって、他の民族にとっては「僕たちには関係ない」という書だったんです。

「民族の神」と一神教

これはユダヤ教に限らず、当時の他の宗教にとっても〝あたりまえ〟のことでした。宗教はそれぞれの民族がそれぞれ独自に持っているもので、「あいつらにはあいつらの神様がいるけど、僕たちには僕たちの神様がいる」というのが当時の宗教の〝あたりまえ〟でした。多神教ということです。

ですから旧約聖書には、イスラエル民族に戦争で負けた民族の指導者が「君たちの神は偉大だ！」と神様に膝を屈したり、「どっちの神様が本物か、試してみよう」と勝負を挑むような話も記されています。**当時の世界では「神がいるか、いないか」ということはあまり問題にならず、それよりも神がいることを大前提として、「どの神が強いか」「どの神を信じるのか」というのが問題になっていたんです。**

その中で、ユダヤ教の特徴的な点は「自分たちの神が唯一本当の神であって、他の神は存在しない」と考えたところです。つまり一神教です。ここから「偶像礼拝」という概念が生まれました。

どんなに立派な像を「神」のためにつくっても、それはただの物体でしかなく神ではないということですし、自分たちの神様以外の「神」を拝んでも、それは存在しないのだから「物体」を拝んでいるのと同じだと考えたんです。

ここに一つ、ユダヤ教がもたらした〝あたりまえ〟があります。当時の世界では「神様はたくさんいる」というのが〝あたりまえ〟でした。当時の、というより、現代でもユダヤ教、キリスト教、イスラム教以外の多くの宗教がそうです。日本神話でもギリシア神話でも、たくさんの神様が存在します。

他の神が存在せず、神が一人しかいないのなら、他の民族にとっても旧約聖書の神様こそが、神様となるはずです。旧約聖書の神様は「世界みんなの共通の神様」ということになるはずです。

しかしユダヤ教では「イスラエル民族である我々こそが、その唯一の神から特別に愛されているのだから祝福されるのだ。だから唯一神はやっぱり我々の神なのだ」と考えました。そこは「宗教は民族のものである」という当時の〝あたりまえ〟とユダヤ教も同じでした。

ここまでをまとめると、当時の宗教には二つの〝あたりまえ〟があって、一つは多神教であることと、もう一つは民族宗教であることとでした。**ユダヤ教は多神教であるという〝あたりまえ〟は刷新しましたが、民族宗教であるという〝あたりまえ〟は刷新しませんでした。**

ユダヤ教徒だったイエス

そこにイエス・キリストという人が現れました。イエスは新約聖書の冒頭の系図にある通り、旧約聖書に「民族の祖」として登場するアブラハムやダビデの子孫であり、れっきとしたイスラエル民族でありました。つまりユダヤ教徒だったんです。

そしてイエスはそれまでのユダヤ教の〝あたりまえ〟を刷新しました。「神様はイスラエル民族だけの神様ではなく、あらゆる民族を救う神様だし、律法はイスラエル民族だけじゃなくてみんなに与えられた律法ですよ。だからこれを守る人はイスラエル民族じゃなくても救われますよ」とイエスは言ったんです。

これはユダヤ教だけでなく、**当時の世界のほぼあらゆる宗教に共通していた「宗教＝民族のもの」という〝あたりまえ〟を壊すものでした。**

この考えが人々に受け入れられたのは先にお話ししたヘレニズム時代の影響があります。アレクサンダーの世界遠征によって、「国」は「世界国家」に変わり、「自分は国の構成員ではなく、世界の構成員なのだ」という意識が人々に生まれていました。

ですから「民族の宗教」ではなく「世界の宗教」を求める土壌が、人々のうちに醸成されていたんです。すでにその頃にはアレクサンダーの影響は薄れ、代わりにローマ帝国が覇権を誇っていましたが、考え方は同じことです。

同時に、ローマ帝国が覇権を誇っているけれど、ローマの神はローマの民族を祝福するのだからローマに負けた自分たちは祝福されないのだ、という絶望も生まれていました。

そんな絶望の中にあった人たちにとって「いやいや、そうじゃなくて神様は一人なのだし、みんなの神様なんだからみんなが祝福されるんだよ」というイエスの教えは受け入れやすかったんです。

ローマからもユダヤ教徒からも受け入れられなかったイエス

しかしローマ帝国の指導者からすれば、これは面白いことではありません。せっかく苦労して戦争に勝って「俺たちこそが祝福されているんだ！」と思っていたところに「**いやいや、負けた人だって神様に祝福されるし、むしろ君たちだっていずれ滅びるよ**」なんて言われたら誰だって良い気はしないでしょう。

支配者としても、支配される側のプライドは削いでおいた方が支配しやすいですから、そこに希望を与えるようなことは言って欲しくないでしょうしね。

またユダヤ教徒からもイエスの教えは「僕たちは自分たちが救われるためにこれまで何百年も耐え忍んで頑張ってきたのに、頑張ってない他の民族まで救われるなんてありえないでしょ。それは僕たちの神様への冒瀆《ぼうとく》だよ」と受け入れられませんでした。

そんなところでローマ帝国の指導者とユダヤ教の指導者の利害が一致して、イエスを罪人として訴えたのでイエスは十字架刑に処されることになりましたし、イエスの弟子たちは何度も何度もローマ帝国からの迫害を経験することになりました。

3-2

イエス・キリストが示した新しい〃あたりまえ〃

弱い人こそ幸せ

当時の宗教や国家の〃あたりまえ〃をイエスは刷新したという話をこれまでしてきましたが、イエスは同時に個人レベルの〃あたりまえ〃も刷新しました。

まず最も有名なものは「山上の説教」と呼ばれる、「弱い者こそ幸いです」という主旨の、マタイの福音書5章に記されている一連のメッセージでしょう。それまでは「強い者が幸せである」というのが〃あたりまえ〃でした。……と、いうより、現代でもそれは〃あたりまえ〃であり続けています。

確かにソクラテスによって「議論に強ければ正しいのだ」と主張したプロタゴラス

は否定されたりしましたが、それでもローマをはじめとするギリシア語文化圏には脈々と「知恵や強い肉体は美しい」「美しいことは善である」「つまり知恵や強い肉体は善である」という伝統が引き継がれていました。

賢い人や強い人、美しい人や富んだ人は「これが神様から私が祝福されている証拠だから私は正しい」と誇りましたし、愚かな人、弱い人、貧しい人、醜い人はそれだけで「それは神様から見放されている証拠だよ」と蔑《さげす》まれてしまっていたのでした。

しかしイエスはそれをひっくり返して「**弱い人こそ幸せですよ**」と言ったんです。

因果応報なんてない

あるところに目の見えない人がいました。弟子たちがイエスに「この人の目が悪いのはこの人が悪いことをしたからですか？　それともこの人の両親や先祖が悪いことをしたからですか？」と聞きました。

イエスは「誰が悪いことをしたのでもなくて、この人に神様の恵みが与えられるためだよ」と言って、その人の目を治しました。

このエピソードによって「弱い人こそ幸せですよ」ということの真意もわかります

し、またもう一つ別の〝あたりまえ〟をイエスは壊したのだということもわかります。

それは「因果応報」ということです。「良い原因があれば良い結果が起こる。悪い原因があれば悪い結果が起こる」というのは現代にも通じる〝あたりまえ〟ですが、**「悪い結果は必ずしも悪い原因が起こしているわけではない**」とイエスはこれを否定したんです。

イエスだけではなく、18世紀の哲学者、デイヴィッド・ヒュームも、あとでお話しする経験論の立場からこれを否定しました。人間の一般的な感覚で「因果関係があるように見えること」に本当に因果関係があるのかということは、現代まで哲学でも科学でも議論され続けています。

それよりも何よりもイエスはこの目の見えない人の立場を回復させました。それまで「障害を持って生まれるのはその人かその人の家族が悪いことをしたせいだから自業自得だし、身分も名誉もなくて当然」と、かなり理不尽な「自己責任論」みたいな〝あたりまえ〟が横行していたんです。

しかしイエスは「それはちがうよ！」と彼の名誉を回復させました。**障害に限らず、貧しいのも、苦しいのも、醜いのも、みんな「自分のせいだ」とか「神様に見放されているからだ」とか言われていた世界で「そうじゃない。この人たちもみんな神様か**

ら愛されている」とイエスは言ったんです。

「きまり」はなんで守るの？

ユダヤ教には「救われるためにはこれを守らなくてはならない！」という非常に細かい「きまり」がありました。その「きまり」自体、もともとはそれなりの意味があったのでしょうが、次第にそれは形骸化してしまいました。

さらにはそれをちゃんと実行できる人は「私はちゃんと守っていますよ！　偉いでしょう！」と自慢するようになりましたし、実行できない人は「守れない自分はダメだ……そもそも守れる身分じゃないから救われないよね僕は……」と落ち込んでしまいました。

当時の「きまり」はそれなりの身分がないと守れないものも多かったんです。「安息日には働いてはいけない」なんて、今で言えば「日曜日は休みましょう」ですけど、職業によって、そうできる人とできない人がいますよね。それなのにそうできる人が偉い、できない人は偉くないなんて言ってしまったらそれは完全に職業差別です。近頃の日本で言えば「テレワークできない人は祝福されないのだ！」と言っているよう

なものです。

イエスはそんな形骸化した上に、人の価値を勝手に決めつける理由づけになってしまっていた「きまり」について「**神様を愛することと、隣人を愛すること、この二つが大切なのであって、それを守ればみんな救われるよ**」と言いました。

これも大きな〝あたりまえ〟の転換です。

一部の人のためであり、また一部の人しか守れないものだった「きまり」を、みんなのためで、みんなが守れる「きまり」にイエスは変えたんです。

この「みんな」という概念が、ヘレニズム時代に生まれたコスモポリタニズムです。人々が「世界は思っていたよりずっと広くて、思っていたよりたくさんの生き方や価値観を持った人たちがいる。そのみんなが共通して幸せになれる基準がなくてはいけない」と思っていた時代に、イエスはそれを提供したんです。

救われるのは「あなた」

その「みんな」は同時に「あなた」でもありました。それまでの宗教、特にユダヤ教は「民族が救われる」ことが至上命題でした。民族に属するためには血筋が必要ですから「一族」も不可欠なものでした。救いとは「民族」や「一族」に与えられるものだったんです。

しかしイエスは「**救われるのは民族でも一族でもなく『あなた』だよ**」と言ったんです。イエスの弟子の中には「年老いた家族がいるもので……」とか、弟子入りをためらった人もいましたが、その人にイエスは「家族は関係ない。あなたがどうするかだ」と言いました。日本人の感覚では「家族や仕事を捨てろだなんてひどい……」と思ってしまうかもしれませんが、そうではなく「大事なのはあなただ」というメッセージなんです。

ヘレニズム時代以降、「世界国家」によって「何かに所属する」というアイデンテイティを失ってしまいがちだった人々にとって、「所属なんて関係なく、あなたを愛している」というメッセージは現代の日本人が想像する以上に、心を打つものだったでしょう。**「みんな」を救うことは一人一人の「あなた」を救うことと同じなんです**。

これは後のキルケゴールやニーチェなどの実存主義とも通じる考え方です。彼らは「哲学者は『国家のため』とか『人類の進歩』とか大仰なことを言うけれど、それは『わたし』には関係ないことだよ。『国家』とか『人類』なんかを主語にして何かわかったところで『わたし』は何も変わらないんだから」と考えました。

それは一見、自分勝手にも見えますが「**みんな一人一人それぞれにそれぞれの『わたし』がいるのだから、もっと『わたし』を考えよう**」と言い換えれば、見え方も変わってきます。

このように、あまりにたくさんの〝あたりまえ〟をひっくり返したのがイエス・キリストという人です。**世界史上、この人ほどたくさんの〝あたりまえ〟を壊し、新しい〝あたりまえ〟を提示した人はいないでしょう**。犬が歩けば棒に当たる、イエスが歩けば〝あたりまえ〟が壊れる、くらいの勢いです。

イエスは人々を「強弱」からも「貧富」からも「所属」からも解放しました。強弱

も貧富も所属も関係なく同じように人は尊重されるという「基本的人権」は現代日本では〝あたりまえ〟ですが、さかのぼればイエスに辿り着くんです。

この本の第1章で、哲学とは〝あたりまえ〟学であると言いましたが、この意味で**イエス・キリストは史上最強の「哲学者」ですし、イエス・キリストの生涯は哲学史上、最大の出来事でもあります**。故に哲学を学ぶなら誰よりもまず、この人について学ぶ必要があるんです。

先ほどの実存主義の例からもわかるように、イエス以降の哲学者が提示する〝あたりまえ〟は、ほとんどがすでにイエスが提示したものか、イエスの提示したものに反発するものでしかないんです。

3-3

十字架と復活
——哲学史上最大の〝あたりまえ〟の誕生

イエスはよみがえった！

……と、ここまでの話ではイエス・キリストは一人の「哲学者」にすぎません。あまりに偉大で巨大な哲学者ではありますが、そうです。しかし、イエス・キリストは神です。少なくともキリスト教においてはそうです。

どうしてソクラテスは神ではなく、イエス・キリストは神なのか。これは哲学史を学ぶ上でも重要なポイントです。ここにも現代に通じる大きな〝あたりまえ〟の世界への鍵があるんです。そして、近世以降の哲学をわかりやすくする鍵もここにあるんです。

まず前提として、当時の人には二つの〝あたりまえ〟がありました。「死者はよみがえらない」ということと、「死ぬことは敗北である」ということです。

イエスは「救世主がやってきた！」と、当初は多くの人に期待されましたが、十字架にかかって死んでしまいました。これにはみんながっかりしてしまいました。当時の人にとって死は敗北であり失敗であり、死んだらそこで何もかも終わりだったからです。ですから、ここで一旦「イエスは残念ながら救世主ではなかった」ということになったんです。

しかし、イエスはその三日目に復活しました。それは単に「生き返って活動を再開できて良かったね」という意味ではなく、**「死」という絶対の敗北、絶対の失敗、絶対の暗闇を克服した**ということです。これによって「イエスはやっぱり本当に、とことんまで救世主だったんだ！」ということになりました。

「永遠」をこの世で実現させた！

それまでの〝あたりまえ〟は、死は人類には絶対に超えられないものであるというものでした。死は「すべての終わり」「存在の終わり」を意味していましたから、「死後の世界」という概念は当時、むしろ現代よりも希薄でした。エピクロスが「人は死を怖がらなくていい。なぜなら人が生きている間は死はやってこないし、死がやってきた瞬間、人はもういないからだ」と考えたことが、そのまま〝あたりまえ〟になっていたんです。

現代では宗教というと「死後のためのもの」というイメージがありますが、当時の人々にとって宗教は「この世で生きるためのもの」でした。いわゆる現世利益です（そもそも当時の人々にとっては宗教と哲学や科学との境界もあまりなかったのですが。宗教と学問が明確に分離したのはルネッサンス以降のことです）。

だからこそ知恵や強い肉体や富が「神の祝福」と解釈されたんです。「この世で祝福を得なくて、いつどこで祝福を受けるのだ」ということです。ユダヤ教を信じるイスラエル人たちが待ち望んでいた「救世主」も「この世での強力な指導者」でした。あくまで彼らはこの世で豊かな生活を送ることを望んでいたんです。

しかし**イエスは死から復活することによって、「祝福の場は現世に限定されている」という〝あたりまえ〟を崩しました**。「死はすべての終わり」という〝あたりまえ〟も崩しました。さらには「死は失敗である」という〝あたりまえ〟も崩しました。

そして「**永遠のいのち**」という概念も提示しました。それまでの人にとって時間とは「生まれてから死ぬまで」がすべてでした。その外側の時間は想定さえしないという人が圧倒的多数だったんです。もちろん中にはプラトンのように「生まれる前に人はイデア界にいて……」と考えた人もいましたが、それは少数派でした。

「永遠」というのはもともと聖書の概念なんです。旧約聖書にこんなことばがあります。「神はまた、人の心に永遠を与えられた」（伝道者の書3章11節）――その**「永遠」をこの世で実現させたのがイエスだったんです。**

イエスは神？　それとも哲学者？

イエスを哲学者とするか神とするか、この境界線になるのが「**十字架と復活**」です。聖書にはイエスは十字架刑に処された後、三日目に復活したと記されています。端的に言えば、これを信じればイエスは神ですし、信じなければ哲学者です。さらにもう一つ言えば、これを信じるのがキリスト教徒ですし、信じなければキリスト教徒ではありません。

現代の感覚で言えば「死者が生き返るなんて信じられない。だからイエスは哲学者にすぎない」と考える人が多いでしょう。それは当時の人も同じでした。しかしキリスト教的に考えると、人は自分の力ではこれを信じることはできず、神様の助け（聖霊）によって信じることができるようになる、ということになります。これが「信仰」というものです。

それまでの〝あたりまえ〟は、この世に起こることはすべて人によって再現されたり、体験されたり、理解されたりできるのだ、というものでした。

しかし「十字架と復活」は、**この世には再現することも体験することも理解することもできないことが起こるのだ、そしてその事実を自力で受け入れる手段すら人間自身は持たず、それ故にそれを受け入れるには神様の助けが必要なのだ**、という新しい〝あたりまえ〟を提示しました。

これは現代の感覚からすると受け入れ難い、あるいは受け入れたくない〝あたりまえ〟かもしれません。だからこそ哲学を学ぶ人の多くは「これは飛ばしてしまえ」と思ってしまうのですが、そこに哲学がわからなくなる落とし穴があります。

この〝あたりまえ〟がどんなに現代の私たちに受け入れ難くても、事実として中世の人たちはこの〝あたりまえ〟の中に生きていましたし、ルネッサンス以降の哲学者たちもこの〝あたりまえ〟から思索を開始したんです。そのスタート地点を無視してしまっては、彼らの思想がわからないのも当然のことなんです。

あらゆる国の人々を弟子にせよ！

さて、イエスは復活した後で天に昇るのですが、昇る前に弟子たちにこう命じました。

〝あなたがたは行って、あらゆる国の人々を弟子としなさい。〟（マタイの福音書28章19節）

これを「**大宣教命令**」と呼び、これがキリスト教の大きな特徴の一つです。そしてこれもまた新しい〝あたりまえ〟の誕生でした。

イエスは単に「弟子を増やしなさい」と言ったのではありません。「あらゆる国の人々を弟子としろ」と言ったんです。現代では宗教と言えば「教えを広めようとするもの」というイメージを持つ人が多いでしょうし、実際に多くの宗教は教えを広めようとします。しかし、イエス以前の宗教はそうではありませんでした。

前にお話ししたように宗教は民族単位のものであったので、他の民族に広める必要

はなかったんです。自分たちの宗教が広がるというのは、戦争に勝って領地を獲得したとき、あるいは自分たちの民族が繁栄したときに結果として起こることであって、「教え」だけが広まっても意味のあることではなかったんです。

しかしイエスはそうではなく「福音《ふくいん》（よい知らせ）」を広めなさいと言ったんです。しかも「行って」広めなさいと言いました。ですからペテロやパウロをはじめとするイエスの弟子たちは、世界のあちこちに旅をして福音を伝えました。

これはヘレニズム時代のコスモポリタニズムの要請にマッチしたものでした。「世界共通の〝あたりまえ〟」が望まれていた時代に「*This is it !!*」これがそれだから、これを広めなさい」とイエスは言ったんです。ここに「**世界宗教**」という概念が誕生しました。

ヘレニズム以前までは人にとって世界とは「自分の行動範囲」のことでした。しかしヘレニズム時代になるとアレクサンドリアの図書館を中心に学問が発達して、エラトステネスが地球の大きさを算定したりしましたから、人々の思考の中に「地球」とか「世界」という概念が生まれていたんです。

その時代に「世界に広めよ」という命令は現代で想像するよりも、はるかに大きなインパクトがあったことでしょう。

とにもかくにも、こうして「十字架と復活」の事実は「世界宣教」を通して、哲学史上最大の〝あたりまえ〟であるキリスト教になっていったんです。

コラム 「矛盾」に邪魔されない

キリスト教では、イエス・キリストは100%人間であると同時に、100%神である、と考えます。50%人間で50%神とかじゃないですし、100%人間だったイエスがやがて100%神になったとかでもないんです。

これはなかなか受け入れにくい考え方ですが、たとえば現代科学では光は波動の性質を持つと同時に粒子の性質を持つということがわかっています。光は100%波動であると同時に100%粒子なんです。

このように物事は従来であれば一見「矛盾」するような状態で存在するのだということが、哲学の世界でも科学の世界でも明らかになってきています。

「矛盾してはいけない」という制約が、世界を理解する妨げになってしまうこともあるんです。

3-4

パウロ
――「弱い自分」に絶望するな

迫害者サウロから伝道者パウロへ

　イエスの命令に従って各地で福音を伝え始めた弟子たちは、ローマ帝国による追手に常に悩まされました。捕まれば投獄されたり、殺されたりしてしまいますから、弟子たちは彼らを恐れました。

　中でもとりわけ恐れられたのがサウロという人でした。サウロは情け容赦なく弟子たちを追いかけ回しては投獄しました。しかしある時突然、神様がサウロに「どうして私を迫害するのか」と語りかけ、それによってサウロは回心して誰よりも熱心な伝道者になり、その頃からパウロと呼ばれるようになりました。

パウロは「神様を誰よりも迫害していた自分が、どうして神様に救われたのか?」と考えました。自分のそれまでしてきた行動の中に、神様に救われる理由をパウロは見出すことができなかったからです。そして**「救いの理由は人間の行動ではなく、神様からの一方的な恵みでしかない」**という結論に至りました。

それまでは「人は自分の努力や行動によって救われる」というのが〝あたりまえ〟でしたが、それをグルっと180度ひっくり返したんです。そして、こうも考えました。

「私が救われた代償は何か。私は何一つ払っていない。そうか、イエス様がご自身の命を、私を救うための代償として支払ってくださったのだ。私はイエス様に何も良いことをしなかったのに。むしろ迫害したのに。これが恵みじゃなくてなんだろう！　これこそ愛だ！」

「私はとことんまで罪人である。私は偉いことをしたから神様に救われたのではない。むしろ何一つ偉いことをできないからこそ、救われたのである」——これがパウロの結論でした。そこからさらに「**人は罪をおかさずに生きることはできない。だからこそ、あらゆる人に神の福音が必要である**」と考えました。

これは「自分の力で正しく生きて、人の模範を示すのだ」というストア派の考えとは正反対のもので、当時としてはまったく新しいものでした。そしてこれは現代でも新しいものであり続けています。なぜなら現代こそ当時以上に「自分の力でより良い自分を実現するのだ！」という潮流の強い時代だからです。

「わかっちゃいるけど、やめられない」だけど……

罪から離れたいと思っても、どうしても人間は自力でそこから離れることができません。故にそこは神様に助けてもらうしかありませんし、その助けも自分の力や努力で得られるものではなく、ひたすら神様の一方的な恩寵《おんちょう》によるのです。

……というと、なんだか難しくて自分から遠い抽象的な話に思えてしまいますが、「規則正しい生活をしよう」とか「タバコをやめよう」とか「人の悪口を言わないようにしよう」とか、自分で「それは良いことであるからそうしたい」と思っていても、なかなかそれを実現するのは難しいことを、現代人だってみんな知っているのではないでしょうか。「わかっちゃいるけど、やめられない♪」って誰もが親しんでいる言葉です。

しかしそこで**「実現できない弱い自分」に絶望するのではなく、「神様が実現してくれる」ことに希望を見出すべきである。なぜなら私の救いは完全に神様によって実現されたからである。**——それがパウロの考えたことです。

〝こういうわけで、いつまでも残るのは信仰と希望と愛、これら三つです。その中で一番すぐれているのは愛です。〟（コリント人への手紙第一13章13節）

パウロが手紙に記したことばです。それまでの世界では「知恵」とか「強さ」とかが人生における最も重要な価値でした。しかしパウロは「大事なのはそんなものじゃない」と言ったんです。

「愛」「希望」「信じること」どれもJ－POPの歌詞とか、マンガやドラマの主人公のセリフとかで、現代人には〝あたりまえ〟に聞き慣れて、そして多くの人が共感する言葉ですけど、これを最初に強調したのはパウロだったんです。

ちなみに「愛」という日本語が今の意味で用いられるようになったのは明治時代に入ってきた「ＬＯＶＥ」という語の訳語となってからで、それまでは「愛欲」とかどちらかと言えば悪い意味で使われていたんです。

イエスが示しパウロが整理したこれらの〝あたりまえ〟の転換を知らなければ、ルネッサンス以降の近世哲学を理解することはできません。なぜなら**ルネッサンスというのは「イエス以前の〝あたりまえ〟に戻ろうぜ」という運動だった**からです。

イエスやパウロが何をひっくり返したのかを知らなければ、そこに戻ることはできません。

3-5

アウグスティヌス
——古代最後の哲学者

キリスト教とギリシア哲学の融合

さて、この章に入ってしばらくキリスト教の話をしましたが、「やっぱりそれまでの哲学とは切り離されて、まったく別の話じゃん。なんやかんや言って結局、宗教の話じゃん。前までのギリシア哲学の話はなんだったのさ」と思っている方もいらっしゃるかもしれません。

お待たせしました。哲学好きな方にとって、キリスト教が面白くなるのはここからです。**イエスの起こした「十字架と復活」やさまざまな奇跡だとか、罪の概念だとか、イエスの存在そのものだとかをギリシア哲学の知識を使って説明してみよう**、という人たちが現れたんです。

このときに、非常に重要な問いになったのは「悪はどうして存在するのか」「神様は悪をもつくったのか」というものでした。

この問いに対してまず、プラトンの二元論を使って説明しようとする人たちが現れました。彼らは「**グノーシス（知識）主義**」と呼ばれます。

彼らはこんな風に考えました。「肉体は悪で、精神が善なのだから、善なる神は肉体とか物質は創造していない。神様がつくったのは精神だけである。そして物質は悪なる別の神がつくったのである」――いきなり神様が二人になってしまいました。

彼らは「旧約聖書の神は悪い神で、新約聖書の神が善の神だ」などとも主張しましたが、これは「神は一人である」というキリスト教の基本に反するので「君らはキリスト教ではない（異端）！」と否定されました。しかし、このグノーシス主義はさまざまな形に姿を変えて、たびたびその後のキリスト教にも影響を与えました。

たとえば彼らから出た一派は「イエスが神ならば、悪である肉体を伴っているはずがないから、イエスは肉体を持っていなかった。ただ、そのように人の目に見えただけである」なんて言って「大事なのはイエスの教えであって、イエス自体の存在ではない」と、「十字架と復活」を否定したりもしたんです。

これも、もちろん「異端！」とされましたが、現代でもこれに近い立場を採用する人たちもいます。「十字架と復活があったかどうかにこだわるよりも、イエス様のことばを大事にする方が建設的だよね」という立場です。現代の感覚ではこの立場の方が受け入れやすいかもしれませんが、これはすでに１５００年以上前に否定されているんです。

なぜなら、こう考えてしまうとイエスはあくまで一人の「哲学者」にすぎなくなり、「救い」がなくなってしまうからです。「救いをもたらすために来た人」から「救い」を差っ引いてしまったら、「じゃあ、何しに来たの？」ということになってしまいます。でも、昔の人も今の人が抱くのと同じような疑問を抱いた、と考えると面白くもありますよね。

昔の人でも「十字架と復活」を信じるのは難しかったんです。だからこそ、それを信じるには神様の助け（聖霊）が必要ということになり、信仰自体も「神様から与えられるもの」ということになるんです。

三位一体論の成立

有名な「**三位一体論**」も、ギリシアのさまざまな神話や哲学の影響からキリスト教を守る過程で成立していきました。たとえばギリシア神話では、神々が人々と交わって子どもをつくったりしますが、そうして生まれた子は神とはされません。だからイエスも神の子ではあるけれど、神ではないと考えた人がいました。

また「神は完全なのだから苦しむことなんてありえない」「しかしイエスは苦しんだ」「故にイエスは神ではない」とアリストテレスの三段論法で考えたりもしました。これが教科書にも出てくる「**アリウス派**」という人たちです。

また、イエスは人としての性質と神としての性質を両方持っていたけれど、十字架で人としてのイエスが死に、神としてのイエスだけが残った、と考えた人もいました。これが「**ネストリウス派**」という人たちです。どちらもやはり二元論に根差す考え方です。

しかし、聖書にはイエスは初めから存在し、しかも初めから神であったと明確に書いてあるので、アリウス派もネストリウス派も「異端！」ということにされました。

そして325年のニカイア公会議でアタナシウスによる「父なる神も子なるイエスも聖霊も、等しく神である」という「三位一体論」が正統とされました。

そして出てきたアウグスティヌス

このあたりの論争って「神学論争」なんて呼ばれたりして、「宗教家同士の、論理に基づかない水掛け論」みたいなイメージを持っている人も多いかもしれませんが、実はかなり高度な哲学的議論だったんです。このように、哲学的思考でキリスト教を異端から守り、教義を確立させていった流れを「**教父《きょうふ》哲学**」と呼びます。ときどき間違えて「恐怖哲学」と勘違いしている人がいますからお気をつけて。決して怖いものではありません。

その教父の中でも筆頭と言えるのが**アウグスティヌス**という人です。この人は西暦354~430年に生きた人で、この人を「古代最後の哲学者」とか「中世を始めた哲学者」とか呼んだりします。この人がキリスト教の教義をしっかりとまとめ上げ、その教義によって長く(〝あたりまえ〟史的に)安定した時代が続いたのが中世なんです。

アウグスティヌスは若い頃は自分の欲望のままに生活していました。それは彼自身が著書『告白』の中で、文字通り告白しています。しかしある時「これではいけない！」と思って、マニ教という宗教に入りました。これは3世紀頃にマニという人がつくった、いわゆる「混合宗教」で、キリスト教・ユダヤ教・仏教・ゾロアスター教を混ぜたようなものでした。

特徴的なのはゾロアスター教やグノーシス主義の善悪二元論を強力に肯定していた点で、「悪い行いの責任は、悪そのものにあるのだから、君が悪いのではない」というちょっと詭弁《きべん》みたいな論法で、人々の心を慰める宗教でした。アウグスティヌスは最初の頃「そうかー、僕が今まで好き放題にやった悪いことも、僕の責任ではないんだ！　よかった！」と思ったのですが、次第に「あれ？　おかしくない？」と思うようになりました。

そんな頃にアウグスティヌスはプロティノスの新プラトン主義に出会いました。そして、その考え方で聖書を読んだ結果、「神は悪をつくっていない。神のつくったものはすべて善である。悪とは『善の不足』にすぎない」という考えに至りました。

そして「**人はアダム以来の原罪によって堕落しているから、自分の力で神に義とされることはできない。ただひたすら神からの恩寵によってのみ、救われるのである**」と説きました。

これに対して、ペラギウスという人は「人は自分の努力で救いに至らなくてはならないし、そうすることができるのだ。なぜなら神様は人を善なるものとしてつくったのだから」と反論しました。

彼はストア派の影響を強く受けた、非常に清廉潔白な人物で、人々の尊敬も集めていました。その清廉潔白さはアウグスティヌスも大いに認めるところであったと言われています。が、その考えが行きすぎて、「だから人間には神様の恩寵なんて必要ないのだ！」とまで言ってしまったので教会から「君もやっぱり異端！」とされてしまいました。

でも現代の感覚では、アウグスティヌスよりもペラギウスの考えの方が受け入れやすいかもしれませんね。現代人が考えることは、だいたい昔の人も考えているんです。

「神の国」と「地の国」

アウグスティヌスは「神の国」「地の国」という考え方をしました。**「地の国」はこの現実世界のこと。「神の国」とは将来やってくるけれど今はまだ見ることのできない理想の国のことで、いわば「国のイデア」**です。

新プラトン主義によれば、イデア（一者）は現実世界に「流出」します。つまり「神の国」は「地の国」に「流出」するんです。そして**「神の国」が「地の国」に流出している場所こそが教会なのである**、と考えました。教会は「神の国の地上支部」であるということで、故に人は教会を通して神の恵みを受け、救われるのであるとアウグスティヌスは考えました。

「国家よりも教会が上である」と、中世で教会が絶大な権力を持つようになったのは、この考えに基づいています。**どんなに巨大な国家といえども、それはあくまで「地の国」にすぎないので、国家自体も教会を通して救いを得なければならないとされたからです。**

アウグスティヌスは「知恵・勇気・節制・正義」というギリシアの四元徳《しげんとく》の上に、「信仰・希望・愛」というキリスト教的三元徳を位置付けて、キリスト教をギリシアに由来する諸学問に対して絶対的優位に立つものとしました。四元徳は「自分の力で得るもの」ですが、三元徳は「神から与えられるもの」です。

まずは三元徳を大事にすべきで、四元徳は結果的に後から与えられる、ということです。「人間主導」の世界観から「神主導」の世界観へ、〝あたりまえ〟の土台が大きく変わりました。ここに**「努力よりも信仰が大切」「国よりも教会が大切」という、巨大な〝あたりまえ〟が誕生し、これが「中世」という安定した「ゆりかご」を生むことになったんです。**

3-6

トマス・アクィナス
——ギリシア哲学の逆輸入

キリスト教がローマ帝国の国教に

西暦313年にローマ帝国のコンスタンティヌス帝がキリスト教を公認し、そして392年にテオドシウス帝によってキリスト教はローマ帝国の国教になりました。しかし実はこの頃のローマ帝国のキリスト教人口はまだ10％ほどだったと言われています。多くの人はまだ他の神を信じていたんです。

また、テオドシウス帝自身も少なくとも熱心なキリスト教徒ではなかったと言われています。では、どうしてテオドシウス帝はキリスト教を国教化したのでしょうか。それは巨大な「世界国家」を統治する上で、多神教は国家の分裂を生みやすく、反対に一神教は国家の統合をしやすくするというメリットがあったからです。と、理由はともあれ、この**国教化によって、いよいよキリスト教は「世界宗教」への道を進み始めます**。

この過程で、皇帝ユスティニアヌス1世の「キリスト教以外の学校を閉鎖しろ！」という命令によって西暦529年、プラトンが建てて以来900年も続いていたアカデメイアや、アリストテレスのリュケイオンは閉鎖されてしまいました。

これによってプラトンやアリストテレスの研究はローマ帝国ではできなくなってしまったので、学者たちはサーサーン朝ペルシア、すなわちイスラム世界に逃げ出しました。ここからの数百年間、プラトンもアリストテレスもキリスト教文化圏から忘れ去られることになります。しかし、イスラム世界でアラビア語に翻訳され、イスラム文化の発展に大きな役割を果たしました。

そして12世紀頃になると、ラテン語に翻訳されたアリストテレスの著書やその注釈がイスラム世界からキリスト教世界に「逆輸入」されるようになりました。これがキリスト教会内の「**スコラ学派**」と呼ばれていた学問集団に影響を与え、アリストテレス哲学とキリスト教神学の融合が始まりました。

スコラ学派の「スコラ」というのは「スクール」の語源です。当時の修道院が聖書や古典をひたすら読むだけの学問スタイルをとっていたのに対し、スコラ学派は哲学や論理を用いて、ときにはある説に対して賛成と反対の二つの立場で議論をしたりしながら学んでいこうというスタイルをとる人たちでした。このスタイルは後のヘーゲルの「弁証法」に影響を与えています。彼らは、聖書はもちろんですが、アウグスティヌス、プラトン、アリストテレスの著作を積極的に研究しました。

この学派を始めたと言われるのが1033年に生まれた**アンセルムス**という人で、アウグスティヌスによって一旦完成を見た神学や神自体を、理性や論理を用いて再検証しようとしました。アウグスティヌスの時代からすでに600年も経ってしまっていましたから、あれほど論理的に行われた教義確立の過程はもはや忘れ去られ、教会は理由も説明できないままに「ただ教会に従えばいいのだ」というだけの存在になりつつありました。

アンセルムスはそこで「**もう一度教会の権威の理由をしっかりと把握し、説明し直さなくてはならない**」と考えたんです。彼は「神の存在証明」という考察で有名ですが、これはルネッサンス以降のデカルトやカントに大きな影響を与えました。ルネッサンス以降への伏線が、この頃から徐々に現れるようになってきます。

ギリシアに帰れ

スコラ学最盛期の代表的な人物であるトマス・アクィナスが生まれたのは1225年のことでした。彼は神学を、イスラム世界から還流してきたアリストテレス哲学を組み込みつつ再構築し『神学大全』を著しました。

当初、アリストテレス哲学はイスラム世界からキリスト教を批判する材料として持ち込まれました。トマスはそれに反論しなくてはいけない立場にあり、そのためにアリストテレスを研究し、「アリストテレスの学問とキリスト教信仰は矛盾しないのだ」ということを明らかにしました。

これによってアウグスティヌス以来、新プラトン主義に軸足を置いていた神学の世界は、アリストテレス哲学に軸足を変えました。新プラトン主義はかなり抽象的な哲学で、思索に重きをおきますが、アリストテレス哲学は実証的・経験的な哲学です。教会は目に見えないものによって神を説明するだけでなく、実証的にも神を説明しようとするようになったんです。

トマス・アクィナスの哲学史における大きな功績としては、一旦研究が禁止されてしまったプラトンやアリストテレスの哲学を、再び公に研究できるようにしたことがあげられます。彼は「**哲学は神学に反するものではなく、むしろ神学の研究に役に立つのだからちゃんと学ぶべきだ**」と考えました。このことを示したのが彼の残した有名な「**哲学は神学の婢《はしため》**」という言葉です。

この言葉は教会の全盛期に言われたこともあり、インノケンティウス3世の「教皇は太陽、皇帝は月」という発言もあいまって、キリスト教会の傲慢を示す言葉と解釈されがちなのですが、実際はそうではなくて、哲学の有用性を教会や世の中に示す言葉だったんです。哲学を否定したのではなく、むしろ奨励する言葉だったんです。

この奨励により再びギリシア哲学の研究が公に開始され、そしてやがて「古典＝ギリシアに帰れ」というルネッサンスの潮流を生むことになったんです。

中世は本当に「暗黒時代」だった？

さて、このように中世の哲学的動向をアウグスティヌス、アンセルムス、トマス・アクィナスと辿っていきますと、中世が「暗黒時代」だったとは思えません。アウグスティヌスからトマス・アクィナスまで、だいたい800年ほどですが、タレスからプロティノスまではもっと時間がかかっています。

ですから、もし中世を「暗黒時代」と呼ぶなら、古代ギリシアだって「暗黒時代」になってしまいます。そもそも、誰かが一所懸命に生きていた時代を「暗黒時代」と呼ぶなんて、失礼がすぎます。

むしろ中世はさまざまな文化や思想が熟成し、ルネッサンス以降の爆発を生むための「力を溜め込んだ」期間と捉えることができます。「キリスト教」という非常に安定した器の中で、知恵と知識がマグマのように溜まっていったんです。

そして、それが一気に花開くのがルネッサンスから始まる近世の時代です。近世の哲学を見ると、いかに中世が優れた「ゆりかご」であったのかをそこここから垣間見ることができます。輝くような「中世のかけら」が、近世哲学にはまぶされているんです。このキラキラを無視してしまっては近世哲学の理解は望めませんし、そもそも魅力的でもありません。

ガシャ〜ン
あたりまえ

第4章

ルネッサンス以降の近世哲学

4-1

ペスト ──「死そのもの」の考察

ヨーロッパの人口が3分の1減った病

「キリスト教の時代」であった中世から「理性の時代」である近世への橋渡しとなったのはルネッサンス（文芸復興）ですけれど、ルネッサンスが起こるのにも理由がありました。世界史の教科書には「教会の腐敗」などということが書かれていたりします。それも理由の一つではあるのですが、それ以上に大きな理由がありました。

それは**14〜17世紀にヨーロッパで猛威を振るったペスト**という恐ろしい感染症です。現代の世界も新型コロナウイルスという感染症により大きな影響を受けていますが、ペストの脅威は少なくともヨーロッパ世界では、新型コロナウイルスの比ではありませんでした。特に1345年から1350年にかけての流行では、ヨーロッパの全人口の3分の1が、この病によって命を落としたとされています。無人となった村や町は20万にもおよび、教皇クレメンスの行った統計によれば、その死者数は4283万6486人だとも言われます。ヨーロッパの人々は強制的に、死を凝視し、顕在化させざるを得ない状況に、このペストによって追い込まれたのです。

ペストによる死は「誰々の死」などと、一つ一つの死に注意を払うことを人々にまったく許しませんでした。数としての死、あるいは住民が全滅した町では、数えられることさえない死、です。「死」は人の意思も尊厳もまったく無視して、しかも戦争のような殺意も恨みもなく、ただそれそのものとして人々に訪れたのでした。

ペストによる心理的衝撃はヨーロッパの人々に深いトラウマを植え付けました。また、それまで築き上げた死に関する慣習や秩序が根本から破壊されました。人々は「死とは何か」と、「死者」でも「死後の世界」でもなく「死そのもの」についての考察を始めました。それは自ずと哲学や倫理学に刺激を与えましたし、何より「**ペストに対して、神が、教会が、我々に一体何をしてくれたのか？　何もできないではないか？**」という疑問が、人々の中に生じました。

「神様なんて信じても、神様は助けてくれない！　だったら自分たちの知恵で価値を決めて、自分たちの力で生きなければいけない!!」

こうして「教会に従えば大丈夫」という〝あたりまえ〟が壊れて、「神様はいないんじゃないか?」とか「いないと仮定するとどうなるだろうか?」とか「聖書や教会に頼らずに自分の頭でゼロから考えたらどうなるだろうか?」とか考える人が増えてきました。そこで、トマス・アクィナスをはじめとするスコラ学派によって「逆輸入」されていたアリストテレスやプラトンの思想を「神様抜きにもう一度読み返してみよう!」という人も現れました。これが「ローマに帰れ」ということであり「文芸復興」であり、ルネッサンスなんです。

死を凝視せよ!

話は少し哲学から離れますが、芸術分野でもペストの影響は大きく、人々の思索の変化を示しているので、それについても少しお話ししようと思います。

「3人の若者が森を歩いていると3人の醜悪な死体が向こうからやってきて若者たちに告げた。『かつての私は今のお前。今の私は未来のお前』」

これは「3人の死者と3人の生者」という13世紀の物語の一節です。この話をモチーフに、15世紀の画家達は手をかえ品をかえ、自分に迫り来る「死」そのものを表現しました。これらに代表されるのが「死の凝視（マカーブル）」という絵画の風潮でした。それは腐り行く屍《しかばね》を写実的に表現し、死者の醜悪さを強調するような独特の風潮であり、ペスト以前にはありませんでした。この中で「死そのもの」の象徴として描かれたのが、骸骨《がいこつ》の姿でした。

今でこそ「死」を表現するのに骸骨を用いるのは当たり前のことですが、14世紀まではそれは少なくとも一般的なことではありませんでした。

日本でも骸骨が「死」の象徴として認識されたのは西洋文明の流入した明治時代以降のことです。それまでは日本では死者を人魂や幽霊として表現することはあっても、骸骨で表現することは、皆無ではありませんが少なかったのです。

それにそもそも「死者」を表現することこそあれ、「死」そのものを表現することがなかったのです。そのせいか、今でも日本人は「死そのもの」に対して認識が薄い傾向があります。日本人は中世のヨーロッパの絵に描かれた骸骨を「死を司る者」として認識してしまいがちです。しかし、それは「死を司る者」ではなくて「死そのもの」なのです。

現代日本人は、この点ではエピクロス派に近いのかと思います。「人が生きている

◆ミヒャエル・ヴォルゲムート『死の舞踏』（1493年）

間は死はやってこないし、死がやってきたとき、人はもういない」というあれです。

日本人は「死」の話を「縁起でもない」と避けたがります。近頃は「終活」というのも流行していますが、これもどちらかと言えば「自分の死後、現世に残された人のため」という側面が強く、「自分が死後どうなるか」というところにはフォーカスしません。それが日本の〝あたりまえ〟なのですが、ヨーロッパ世界の〝あたりまえ〟はそうではありません。少なくともペスト以降、ヨーロッパの人たちは日本人とは決定的に異なる死生観を土台にして思想を形成してきたんです。

4-2

ルネッサンス
——聖書に戻ろう

「個性的であること」の起源

この本ではすでに何回か言っていますが「ルネッサンス」とは「再生」であり、「回帰」であり、「ギリシア・ローマの古典に戻ろう」という動きのことです。

中世のキリスト教世界の「人間は自分の栄光ではなく、神様の栄光を示すために生きるべきだ」という〝あたりまえ〟に対し「いやいや！　人間の栄光は人間のものである！」と主張し、「人間の栄光が人間のものであった時代、それはギリシア・ローマの時代だ！　だからそこに戻ろうぜ！」と人々の気持ちが動き出したのがルネッサンスです。

「ペストに対して何もできない教会や神なんかに頼らずに、僕たちは僕たち自身の

力で生きるよ！」ということでもあります。

ただし、この「ルネッサンス」というのは明確な時期を示す言葉ではありません。主に14世紀から16世紀にかけてイタリアで起こった思想や表現の展開を指すのですが、これ以前にも8世紀に、フランク王国最盛期のカール大帝のもとで「キリスト教による統治を強めるために聖職者はもっと古典を研究しなさい！」と起こった「カロリング・ルネッサンス」とか、12世紀にアリストテレスの逆輸入と再評価によって起こった「12世紀ルネッサンス」があったりします。

このことからも中世が決して「暗黒時代」ではなかったことがわかります。

ただ、イタリアでペスト以降に起こったそれは、それまでの「ルネッサンス」にはないほどの大きな変化を世界にもたらしました。それはそれがイタリアという「教会の本拠地」で起こったことも一つの原因かと思われます。

キリスト教の中にも「回帰」という考え方は波及し（もちろん「神はいない」という考えにはなりませんでしたが）「今のような組織化された教会ができる以前の、イエス・キリストや原始教会に戻ろう。すなわち、聖書に戻ろう！」という動きが出てきたんです。

これがルターやカルヴァンが活躍する「**宗教改革**」です。**「改革」という言葉で呼ばれながら、この意味では「復古運動」だったんです**。

イエス・キリストが語りかけた「わたし」や「あなた」は、この頃には再び教会や国家の権威によって「わたしたち」や「あなたたち」になっていました。階層社会がすっかり〝あたりまえ〟になっていたんです。

この階級の「わたしたち」と、あの階級の「あなたたち」という構図です。ルネッサンスや宗教改革はそこからまた「わたし」や「あなた」を取り戻そうという動きであるとも言えます。ですから**ルネッサンスを指して「個人の発見」と呼ぶ人もいます**。

「人間一人一人には、もっともっと素晴らしい能力がある！　それを存分に発揮して生きようではないか！　私がそれを示すぞ！」と、**レオナルド・ダ・ヴィンチ**や**ミケランジェロ**に代表される「万能の人」が現れました。

現代では「個性的であること」は基本的に良いことであるとされますし、少なくとも否定するものではないというのが〝あたりまえ〟ですが、それはこのルネッサンスから始まったことです。ソクラテスやプラトンが人間に求めたのは「善や美」でしたし、中世の教会が人間に求めたのは「信仰」でしたが、ルネッサンスが人間に求めたのは「個性」だったんです。

既存の教会への反発

一方でキリスト教世界では、教会が腐敗を起こしていました。教会はあまりに強い権力を持ち、政治面でも学術面でも圧倒的な影響力を持っていました。しかしどんな組織や人間も、こうなるとロクなことはありません。誰も間違いを指摘したり、批判してくれないということですから。

教会は次第に「神」や「キリスト」ではなく「教会自身」に従うようになりました。

教会は「神のための教会」や「人のための教会」ではなく、「聖職者のための教会」さらに言えば「教会のための教会」になってしまったんです。

そんな教会から、人の心は次第に離れていきました。よく「教会が『免罪符』を売り出したからルターが怒った」という風に宗教改革を説明することがありますが、これは正確ではありません。

免罪符は一連の教会の腐敗のごく一部でしかなかったんです。このように**腐敗し、形骸化した教会を見てルターは「聖書に戻ろう」と言ったんです**。必要なのは形式的な儀式や聖職者の権威ではなく、一人一人の信仰であると、ここでも「わたしたち」を「わたし」に回帰させています。

階層や階級というのは、「あなたたち」「わたしたち」を生み出します。そして「あなたたち」「わたしたち」は分裂を生み出します。しかし、それが一人一人の「あなた」「わたし」になるとき、階層も階級もなくなります。

「身分なんて関係ない、聖職者であるかないかなんて関係ない。神を信じる人はすべて一人一人等しいのである」とルターは言いました。これは以前にイエスが言ったことと同じですよね。

このときにルターやカルヴァンらが、当時の教会から離れて新しく起こした教会が今の「**プロテスタント**」です。一方で従来の教会に残ったのが今の「**カトリック**」です。しかし、もちろんカトリックも腐敗を放置したわけでは決してなく、「**イエズス会**」などの働きによって内側から改革されました。

イエス・キリストに帰ろう

つまりルネッサンスとは「『あなた』と『わたし』への復古」と言い換えることができますし、それは「ギリシア・ローマへの復古」であると同時に「イエス・キリストへの復古」でもあったんです。

この「イエス・キリストへの復古」という点を見逃してしまうと、この後の近世の哲学がわかりにくくなります。

ルネッサンス以降、多くの哲学者は教会の権威からは離れましたが、イエス・キリスト、すなわち神自身への畏敬は持ち続けていたんです。

「どうも教会は神様の扱い方を間違っているぞ。だったら僕が神様をどう扱うべきかもう一度ゼロから考え直してみよう。そもそも神様とはどういう存在なのかも考え直してみよう。そのためにはまず、僕が考えるための道具である理性や感覚について知ることが必要だから、そこから検証しよう」と始まったのが近世哲学です。

「認識とは」とか「理性とは」とか、難しいことがたくさん出てくる印象の強い近

世哲学ですが、これはみんな「神様を知るためのツール」の検証なんです。

たとえて言えば「おいしい料理をつくる前に包丁の手入れから始めよう」みたいな話です。

このことを踏まえるだけでも近世哲学はグッとわかりやすくなります。

4-3

イギリス経験論
――観察から法則を見出そう

そもそも「知」ってなんなの？

ギリシア哲学は「万物の根源は何か」というところから始まりましたが、**近世哲学は「知とは何か」というところから始まりました**。アリストテレスは「哲学（フィロソフィー）とは知（ソフィア）を愛する（フィリア）ことである」としましたが、「そもそもその『知』とは何か」というところから出発しようとしたんです。

その問いに一つの答えを出したのが1561年にイギリスで生まれた**フランシス・ベーコン**という人です。彼は「**経験があらゆる知をつくる**」と考えました。

彼によれば知とは経験と観察によって形成されるもので、経験こそがあらゆる知識の源泉とされます。たとえば「太陽は東から昇って西に沈む」というのは誰でも知っていますが、それは毎日太陽を観察するからわかるのだ、ということです。

1632年に生まれた**ジョン・ロック**という人は人間を「**タブラ・ラサ（白紙）**」と表現しました。人間は白紙として生まれ、そこに経験を書き込むことによって人間らしく成長するのだということです。確かに赤ちゃんを観察すると、知的にはゼロ状態で生まれてきて、毎日さまざまな経験をすることで成長していきますから、うなずけることです。

しかしこの考え方は当時の〝あたりまえ〟とは違うことでした。なぜなら当時のキリスト教的〝あたりまえ〟では生まれた赤ちゃんは「白紙」ではなく、すでに「罪（原罪）」を持っていると考えられていたからです。

「帰納法」という考え方

さまざまな観察や実験からとったデータを元に、法則を導き出す。ベーコンのこの思考法を「**帰納**《きのう》**法**」と言います。「赤いリンゴは甘い」という法則を、実際に赤いリンゴをたくさん食べてみて「赤いリンゴは何度食べても甘かった。だから赤いリンゴ

は甘いのだ」と導く考え方です。

ベーコン自身の比喩によれば、ハチは外の世界からさまざまな材料を集め、それを消化したのちに変形させて巣をつくります。アリは世界からいろいろなものを集めますが、集めるだけで消化して変形したりはしません。またクモはそもそも材料を集めることなく、自分だけで巣をつくります。

ベーコンはクモタイプの思考法を「独断だ」として批判しました。またアリタイプも「それだけじゃ、まだダメだ」と批判しました。そして自身はハチタイプの思索を志しました。

ベーコンは「**正しい知を身につけるには、正しく経験をしなくてはいけない**」

と考えました。しかし人間は往々にして間違った「経験」をしてしまいます。同じ経験をしても間違った解釈をしてしまうことがあるからです。ベーコンはこれは人間には4つの「**イドラ**」があるからだと考えました。

その1つめは、人間が人間である故に生じてしまう「**種族のイドラ**」です。これは目の錯覚だとか、小さい音は聞き取りにくいとか、主にそういう人間の知覚の限界に根付くものです。

2つめは、個人的な立場や環境によって生じる「**洞窟のイドラ**」です。これはいわゆる「井の中の蛙《かわず》、大海を知らず」というやつで、その人が受けた教育や育ってきた環境、今置かれている状況などによって生じてしまう間違いのことです。

3つめは、言葉が間違ってしまうことによる「**市場のイドラ**」です。これは噂話だとかデマだとか人との交流の中で、主に言葉の不適切な使用によって生じてしまうものです。

4つめは、権威を妄信してしまうことから生じる「**劇場のイドラ**」です。これは「あの偉い先生が言っているのだから正しいのだろう」とか信じてしまうことで、当時は「教会が言っているのだから正しいのだ」と考えてしまうことがそれであるとされました。

ベーコンはこの4つのイドラを避けることで人間は正しい経験ができ、物事を正しく認識でき、正しい知に至ると考えました。

この「イドラ」という言葉はベーコンの造語ではなく、実はキリスト教の「偶像（idol）」と同じ言葉です。ベーコン自身も熱心なプロテスタント信徒でした。ベーコンは思索を始めるにあたって、キリスト教の世界観から出発していたということです。し、あくまでキリスト教の枠内で思索したということです。ベーコンには「人間は間違うものだ」という前提がありました。それはキリスト教の「罪」の意識があったからです。

キリスト教の「偶像」というのは「人を罪に陥らせるもの」です。アウグスティヌスによれば、人は罪によって堕落し、神様の望む生き方、人間として理想の生き方から離れてしまいました。

ベーコンのイドラ論は「その罪とは何だ。人を過ちに導くものとは何か」ということでした。つまり、**イドラ論はキリスト教の「罪」の性質を説明したものなんです**。

そして、その結論は「神様にもらった五感をはじめとする認識能力を、きちんとイドラを避けて正しく使わなければならない」ということでした。

近世哲学を学ぶ上で勘違いしがちであり、しかし勘違いしてはいけないことは、**ある哲学者が教会と対立したとしても、必ずしも神やキリスト教自体を否定しているのではない**ということです。それは、たとえばルターやカルヴァンがカトリック教会を否定しても、神やキリスト教自体を否定しているのではないのと同じです。

彼らが批判したり否定したりしているのはあくまで教会であって、神ではないんです。むしろ「もっと神様について知りたい！　もっと正しく知るにはどうしたらいいんだ！」と考えて、その上で「教会、ちょっと違わない？」と問題提起をしているんです。

「目に見える世界」を大切にする

少し時代が進んで、1711年に生まれた**デイヴィッド・ヒューム**という人は、この経験論をかなり極端に進めて、ある現象とある現象の間に因果関係を勝手に設定してしまうのは人間の過ちのもとであると考えました。

たとえば「火に触ると熱い」という経験と「火に触ってやけどした」という現象の間には「火は熱いからやけどした」という因果関係があるように思えますが、ヒュームによればそれは偏見だということになります。なぜなら数は少なくとも、火に触ってやけどしないケースもあるからです。「火の上を歩く人」とか、ときどきいますもの。とはいえ、「因果関係」を「偏見」だと言ってしまうのは大胆ですよね。でもたしかに、これが人を誤らせるケースは多々あるんです。複数の現象を見て「こういう因果に『違いない』」と断定してしまうことは現代社会でもよくあることです。

経験論の、この世のあらゆる現象や物質を観察しそこから法則や真理を導き出そうという考えは、アリストテレスに似ています。むしろ**経験論はアリストテレスを補強したもの、アリストテレスへの脚注であるとさえ言えます**。

因果とかイデアとか「目に見えないもの」よりも「目に見える世界」を大切にする、「実際に何が起きているのか」を重視する、それがアリストテレスから経験論に共通していることです。

4-4

大陸合理論

——論理的に法則を見出そう

知は理性と論理でつくられる？

ベーコンやロック、ヒュームたちがイギリスで経験論（帰納法）に基づいて思索をしていた同じ頃に、ドーヴァー海峡を挟んだヨーロッパ大陸ではこれと対をなす考え方が発展しました。**ルネ・デカルト**をはじめとする「**大陸合理論**」です。

ベーコンが「知とは経験でつくられる」と考えたのに対し、**デカルトは、知は経験にとらわれず、理性と論理で構成されなければいけないと考えました**。デカルトによれば、あらゆる経験は「疑わしいもの」だからです。

たとえば、ここに石が見えるとしても、ここに本当に石があるとは限らない、とデ

カルトは疑います。そこに見える石は幻覚かもしれませんし、蜃《しん》気《き》楼《ろう》か何かかもしれません。見えるからと言って、そこにあるとは限りません。

現代ではバーチャル・リアリティの技術も進んでいますが、バーチャルの世界での経験は、自分の脳内でのみ生じる経験であり、リアルな世界で生じた現象ではありません。同じようにデカルトも、この世界も自分にそう見えているだけで実際はバーチャル・リアリティのようなものかもしれない、と考えました。

しかし**デカルトは本当に「何も信じないぞ」と思っていたのではなく、このようにあらゆるものを疑うことで、最終的**

に絶対に疑い得ないものを見つけようとしたんです。

さまざまなものを見て、考察して「これはまだ疑いの余地があるから真理とは言えない」「これももしかしたら虚像かもしれないから真理とは言えない」……とさまざまなものを「真理」から一つ一つ排除していきました。この考え方を「**方法的懐疑**」といいます。あくまで「方法」として「懐疑」を使っているんです。

「疑う」ということも人間にだけ与えられた才能ですから。デカルトは神の存在も「もしかしたらいないかもしれないぞ」と疑いました。しかし、このことから「デカルトは神まで疑ってキリスト教から脱した」と考えるのは早計です。というのは、これはあくまで「方法」だからです。

疑い得るものはすべて疑うという方針に立ったときに、神も一度は疑ってみなければならない対象であったというだけで、後述しますがデカルトはむしろ神の存在を証明しようとさえしています。「**神を証明するために神を疑ってみる必要があった**」ということです。

「演繹法」という考え方

このように、あらゆるものを疑ったデカルトは最終的に「どうしてもこれだけは疑えないぞ」というものを発見しました。それは「**こうして疑っている、つまり考えている自分がここに存在する**」ということでした。

これが有名な「**我思う、故に我あり（コギト・エルゴ・スム）**」です。デカルトは自分の存在さえも疑いました。この肉体は本当は存在しないかもしれない、ただ自分が見ている夢や幻覚かもしれないと。しかし、肉体は疑い得るにしても、こうして疑っている自分の精神がある、ということだけはどうしても疑い得ないことでした。

デカルトはこの「我思う、故に我あり」から出発して、そこから論理的に導けることだけを「真理」だと考えました。

この考え方をベーコンの帰納法に対して「**演繹法**《えんえき》」といいます。「演繹」というと難しく聞こえますが、簡単に言えば数学のような考え方です。数学は現実に起こる現象ではなく、頭の中だけで実践される純然とした理論体系です。まず「1＋1＝2」

という最もシンプルな式から「2＋2＝4」も導けますし、掛け算も割り算も、微分も積分も、ここからすべて論理的に導けます。

デカルトはこの「1＋1＝2」にあたる最もシンプルな真理を、方法的懐疑によって探し、そして「我思う、故に我あり」を発見し、その位置に据えたんです。

そして、ここからデカルトは11世紀の教父アンセルムスを参考に「神の証明」を試みました。非常に難解なのですが、要約すればこういうことです。

「有限である自分が無限である神のことを考えている。有限なものの中に無限なものは収まりきらないから、無限について有限な人間が考えるのは不可能である。しかし人間には無限な神という概念がある。これは神が人間にそれを与えたからに他ならない。つまり有限な私が無限な神について考えているこのこと自体が、神が存在することの証拠である」

……ちょっとよくわからないですよね。

これはおそらく聖書の「神はまた、人の心に永遠を与えられた。しかし人は、神が行うみわざの始まりから終わりまでを見極めることができない」（伝道者の書3章11節）

からの影響を受けての思索かと思われます。つまり「**神様が与えたのでなければ、無限なんていう概念は人間に生じないのだ**」ということです。永遠とか無限というのは、人間には絶対に観察も経験もできないものだからです。

いずれにしてもデカルトは神を、自分を含めたあらゆる存在の基礎として位置付けました。彼の思想もまたキリスト教の範疇《はんちゅう》にあり、「神をよりよく知りたい！」という意志を含むものでした。

神即自然

デカルトに続く合理論の雄として知られる**スピノザ**は、徹底的な演繹法であらゆることを考え、「**神即自然**」という結論に至りました。

「自然が神である（汎神論《はんしん》）」というと特に日本人は「自然信仰」的なものをイメージしてしまいがちなのですが、**スピノザのいう「自然」というのは「人間の思考も含めた、この世に起こるあらゆる現象」のことです**。

デカルトは無限な「神」と有限な「この世」を別のものと考えましたが、スピノザはこれらを同じものと考えたんです。スピノザがこのように考えたのは新プラトン主義やアウグスティヌスの影響があります。この二元論から一元論への流れはプラトンの二元論から新プラトン主義の一元論への流れを踏襲しているんです。

スピノザの、すべてのものを神とするこの考え方は神の人格を否定することになったので、教会からは強い批判を浴びました。しかしそれでもスピノザも、神自体やキリスト教自体を否定したわけではなく、あくまでも「神様がどんな存在なのか知りたい！」という情熱によって一つの仮説を提示しただけで、キリスト教の範疇から脱してはいないんです。

真理を「この世に起こる現象」ではなく、「目に見えないところ」にあると考えるという点で、大陸合理論はプラトンの流れを踏襲していると言えます。

二元論から一元論に至るところまで同じです。このように近世哲学は、ギリシア哲学の辿った道をもう一度辿る道でもあるのです。ただギリシア哲学と違うのは、彼らがキリスト教というバックグラウンドを持っている点です。

ギリシア哲学とキリスト教哲学とが、縦糸と横糸のように折り重なって、近世哲学を織り上げていくんです。ですから近世哲学を学ぶときには、ギリシア哲学とキリスト教の知識がなくては、頭の中に綺麗な紋様が描かれないんです。

神を信仰し、考察する自分とは？

このように、合理論者たちは神やキリスト教を考察対象にしましたが、同時に神やキリスト教は彼らにとって引き続き信仰対象でもあったんです。**神を信仰する自分と、神を考察する自分を分けていた**と言ってもいいと思います。むしろ信仰していたからこそ考察対象にするんです。信じたり親しんだりしていない何かを研究対象にする人なんていませんから。

この時代に、神について「理神論」とか「汎神論」とか「無神論」とかさまざまな考え方が提唱されました。無神論も神への考察から出てきた考え方で、**そもそもキリスト教の土台がなければ無神論も生まれなかったわけです**。

「私は無神論者です」とわざわざ言う人は明らかに「神」を意識しています。完全に神に興味がないのなら、そもそも神について「いるのか、いないのか」さえ考えませんから、わざわざ「無神論者です」なんて言うことはないわけです。「愛の対義語は憎しみではなく無関心である」とはよく言ったものです。

スピノザは、あらゆることは原因と結果により生じるのであって、そこに人間の自由意志は存在しないと考えました。神とは人格的存在ではなく、万物に内在する、いわば存在原理であり、あらゆる結果の原因となるものであるとしました。

聖書に神が人格を持つように記されているのは比喩表現であるというのは、キリスト教の根底を揺るがす意見でしたが、彼自身がキリスト教を否定したわけではありませんでした。

「キリストの実在とか復活とかの事実はどうであれ、聖書に記されたキリストの精神を敬愛するのであれば人は救われる」と一種のグノーシス的な立場ではありますが、キリストの特別性は認めています。このように現代から見て「キリスト教を否定した」とか「キリスト教から脱した」と見える思想も、本人はそんなつもりはなかったりするんです。

つまり、近世哲学の出発点は聖書であり、神学でもあるんです。しかし同時にデカルトやスピノザの考えを脇に押しやろうとしたのも、キリスト教、すなわち教会でした。キリスト教を背景として生まれ、キリスト教によって排除もされたものを、キリスト教なしに理解しようとしても難しいんです。

4-5

カント——経験論と合理論を統合しよう

知識＝素材＋形式

イギリス経験論と大陸合理論は相容れない考え方だったのですが、これを統合しようと試みたのが1724年に生まれた**エマニュエル・カント**でした。哲学を学ぶ人なら彼の名前を知らないわけがない！　というほどのビッグネームです。

しかし彼の哲学は非常に難しいです。なるべくわかりやすく書きますがちょっと覚悟してください。酔っ払って読むとたぶんわかりません。でもほろ酔いでならわかるくらいを目標に書こうと思います。

カントはまず、人間の知識は帰納法だけでも演繹法だけでも成立せず、両方とも必

要なのだと考えました。「**知識＝素材＋形式**」ということです。**カントによれば、この「素材」を感性（帰納法）によって集め、それを悟性《ごせい》（演繹法）という「形式」で処理することで「知識」が成立します。**

そして、ここがカント哲学で一番難しいところなんですが、それまで「対象が存在するから、人間はそれを認識する」と考えていた〝あたりまえ〟をひっくり返して、「**人が認識するから対象は存在するのだ**」と考えました。これを天動説が地動説になったことになぞらえて「コペルニクス的転回」と呼びます。

いやいやいやいや、認識なんてしなくても世界は存在するでしょ⁉　と思うところですが、たとえば人間の認識する世界と、犬の認識する世界は異なります。

人間は目がいいですから人間にとっての「世界」はカラーですが、犬は色を認識できないので犬にとっての「世界」はモノクロ（厳密に言えば違うようですが）なんです。つまり、人間と犬とでは感覚器官から集められる「素材」が違うんです。さらには人間と犬とでは、ものの考え方も違います。犬は「論理的に考える」という力が人間よりも弱いです。それは、すなわち「形式」での処理方法も違うということになります。

ア・プリオリの世界

「素材」は経験によって与えられますが、「形式」はどのように与えられるのでしょう。カントはこの問いに「**ア・プリオリ**」という難しい言葉で答えます。これは「先天的に与えられていて、証明するまでもない大前提」のような意味です。

人間は「1＋1＝2」を知れば「2＋2＝4」を導くことができますが、犬にはこれはできません。事実と事実の間に関係性をつける能力が人間には先天的に与えられています。**「論理（ロジック）」が人間に「形式」として生まれながらに備わっているの**だとカントは考えたんです。

……というと難しいですが、物事を経験するための感覚器官を人間は生まれ持っているのと同じように、考える力も生まれ持っているのだと、かみ砕いて言えばこういうことです。**帰納する能力（感性）も演繹する能力（悟性）も人間は生まれながらに持っているのです**。

この「ア・プリオリ」という発想自体、キリスト教的な考えです。それは「神様が人間は人間、犬は犬としてつくった」という考えに基づいています。新約聖書の「ヨハネの福音書」の最初に「はじめにことばがあった。ことばは神とともにあった。ことばは神であった」とありますが、この「ことば」はもともと「ロゴス」という単語で、「ロジック」の語源です。

すなわち、この世界には「ロゴス」がア・プリオリに備わっていたということで、そして人間もその「ロゴス」をア・プリオリに与えられているというのがキリスト教の考えです。

「神」から「道徳法則」へ

そしてカントは倫理学の分野でも「あなたにア・プリオリに与えられている倫理に従って行動しなさい」と言います。

カントは「○○だから○○しなさい」という倫理を「**仮言命法**《かげんめいほう》」と呼び、ただ「○○しなさい」という倫理を「**定言命法**《ていげんめいほう》」と呼びます。仮言命法は状況によって変わる倫理ですが、定言命法はどんな状況でも変わることがありません。たとえば「人に好かれたいなら人に親切にしなさい」というのが仮言命法で、ただ「人には親切にしなさい。そこに理由なんていらない」というのが定言命法です。

道徳法則への尊敬・畏敬のみを動機として、他のものを動機とせずに行為しなさい、とカントはこう言います。これって何かに似ていませんか。そうです、キリスト教の神への畏敬にそっくりです。**カントは「神に従え」というのを「道徳法則に従え」と言い換えたんです**。どうしてこんな言い換えをしたかと言えば、倫理はキリスト教徒だけではなく、他の宗教を信じる人にも同じように適用されなければならないと考えたからです。だから「神様に与えられた」ではなく「ア・プリオリな」と言い換えたんです。

アンチノミー

カントの哲学は「批判哲学」と呼ばれます。それは、カントがそれまでの〝あたりまえ〟を批判することで自らの哲学を確立していったからです。たとえば「理論は間違えない」という〝あたりまえ〟をカントは『純粋理性批判』で批判し、**理論というのは正しく演繹を重ねたとしても時として間違うのだ**、ということを、理論を用いて証明しました。これを「**アンチノミー**」と言います。

これについてカントが例示した4つの例を「第一アンチノミー〜第四アンチノミー」と言います。

「第一」は空間や時間が有限であるという説と、空間や時間は無限であるという相反する説がどちらも論理的に証明できてしまうというものです。「第二」は物質の最小単位が存在するか否か、「第三」は因果関係に関するもの、そして「第四」は神が存在するかしないかについて扱っています。

アンチノミーの文脈で言えばカントは「神は存在するとも存在しないとも言える」と結論づけたことになるのですが、「だからこそ、人間の論理の限界を超えたところには、信仰が必要なのである」と最終的に信仰に回帰しています。

カントは「**論理は人間に与えられた有用なツールではあるが、あくまでもツールであり有限であるので、このツールですべてのことを理解できるわけではない。そこが人間の限界であり、そこから先は神のことである**」と言っているんです。

カントの哲学をできるだけわかりやすくまとめると……

わかりにくくなってきたので短く整理しますと、

「1つの『真理』があるからみんなでそれを認識しよう、という考えから、認識したものが『真理』なのだと『コペルニクス的転回』をして、ではなぜ多くの『真理』は多くの人間に共有できるのかと考え、それは共通の『感性』『理性』というツールがあるからだとして、その『感性』『理性』は人間にア・プリオリに与えられているものであるが、それには限界もある」

と、こういうことなのですが、やっぱり難しいですよね。カント哲学って哲学を専門で勉強してる人でも非常に難解なところです。

カントはキリスト教の影響を大きく受けているとはいえ、少しずつキリスト教世界からの脱却を試みている点はあります。「神から与えられた」を「ア・プリオリ」と言い換えたことで、世界の主体を神から人間にシフトさせました。「人間の目的は神の栄光のため」という〝あたりまえ〟を、「人間の目的は人間自身のため。それぞれの人格はそれ自体が目的なのである」と書き換えました。そして、その目的で互いに尊重し合う理想世界を「**目的の王国**」と呼びました。

とはいえ、それはキリスト教の「神の国」を呼び変えただけですから、発想や枠組みはキリスト教の範疇にあります。「神様抜きに人間だけで『神の国』には至れないものか」とカントは考えたのかもしれません。

ただ、この「ア・プリオリ」という考え方は面白いです。カントによればア・プリオリというのは他の何にも影響されない大前提ですから、当然時代にも地域にも影響されません。この説によれば、現代人でも古代人でもア・プリオリに与えられている感性と悟性は同じなんです。

現代人ってついつい「現代人や現代社会は古代人や古代社会より優れている」と思ってしまいがちですが、人間の本質がア・プリオリである限り、そこに優劣は存在しないんです。

「時代が進めば進むほど、人間をはじめ、あらゆるものは進歩する」という考えはまだこの時代にはありませんでした。現代ではまるでそれが〝あたりまえ〟のように思われていますけれど。でもそれが〝あたりまえ〟でなかったからこそ、ルネッサンスの人たちは「古代に戻ろう」と言えたんです。現代人は「1000年前の価値観に戻ろう！」なんてあんまり思いませんよね。平安時代の和歌を読んで「優雅でいいなぁ」なんて思うことはあったとしても。

その「今は昔よりも優れている」という〝あたりまえ〟をつくったのは次にお話しするヘーゲルさんから始まる考えに基づくものなんです。

4-6

ヘーゲル
——世界は「進歩」する

「アウフヘーベン」の本当の意味

東京都の小池百合子知事が一時期しきりに「アウフヘーベン！」なんて言葉を連発していましたけれど、ここでは、その「アウフヘーベン」の話をします。

主人公は**ヘーゲル**という人です。ヘーゲルはカントよりも45年ほど後に生まれた人ですが、カントの思想を発展させてドイツ観念論を確立させた人です。

有名な**「アウフヘーベン（止揚《しよう》）」というのは、ものすごく簡単に言えば対立する二つのものが合わさって、より良いものができるという意味です**。

ある「**テーゼ（定立）**」があり、それに対して「**アンチテーゼ（反定立）**」があったとき、両者の矛盾を解消しつつより高いステージである「**ジンテーゼ（総合）**」に上がること、これがアウフヘーベンです。このプロセスのことを「**弁証法**」といいます。

よく勘違いされるのですが、これは「両者の意見を取り入れた折衷案」とか「妥協」とかのことではありません。意見の対立があったときに「まぁまぁ。ここはアウフヘーベンってことで」って妥協案を提案する人や、明らかな妥協案を後から「アウフヘーベンです！」ってプレゼンするような人もいますが（小池知事の場合はこれかも？）、これをヘーゲルさんが聞いたら「私が言っているのはそういうことではないっ!!」と怒ったり嘆いたりすると思います。

カントは、「自分にア・プリオリに備わっている道徳法則によって行為せよ」と言いましたが、ヘーゲルは「そんな主観的なものに頼っていたら社会は成立しないよ」と考えました。つまり「カントはあまりにもプラトン的だよ。そんな目に見えないことの話ばっかりされても困る。もっと実践的、アリストテレス的でなくてはいけない」ということです。

そこで社会を倫理的に成立させるためには法律や制度が必要であると考えました。もちろん、法律や制度はヘーゲルよりもずっと昔からありました。しかし時代を超え

てずーっと変わらない法律や制度というのはありません。法律も制度も歴史の中で絶えず変化し続けるものです。法律の源泉が道徳であるのなら、カントによれば道徳はア・プリオリなのだから変化しないはずだ。しかし実際には変化する。なぜだ。……ということから導き出されたのが弁証法です。

「人類はアウフヘーベンを繰り返すことによって、理想に近づいてゆくのだ！そして今もその働きによって着々と近づいているのだ！」とヘーゲルは考えました。それをヘーゲルは「**世界史は自由の意識の進歩である**」と表現しています。

また、アウフヘーベンを起こす原動力

のことを彼は「**世界精神（ヴェルトガイスト）**」と呼びました。そして「世界精神」は人間を媒介にしてこの世にアウフヘーベンを起こし、自らを実現させていくのであるとしました。そしてその「世界精神」を闊達《かったつ》に働かせるために、人間は自由でなければならないと説きました。

「神」ではなく「世界精神」

……すごく難しいですよね。「ヘーゲルを理解するには才能が必要だ」とはよく言われることですし、ときには「ヘーゲルを理解できる人はむしろ一種の病気だ」とさえ言われてしまったりします。そのくらい理解しがたいんです。

ただこんな風に言われてしまうのも、彼のバックグラウンドにあったキリスト教を無視しているからかもしれません。キリスト教の世界では人間が実現すべきものは「神の理想」でした。その理想は「神のみぞ知る」であって、人間には必ずしもすべてを把握したり理解したりする必要のないものでした。しかし世界は確実に神の力によって理想に近づいているのだ、「神の国」はもうすぐくるのだ、という信仰がありました。**ヘーゲルはその「人間が実現すべきもの」を「神」から引き剥がしました。**ただしその理想は、やはり人間には必ずしもすべてを把握したり理解したりできるものではありません。しかし「神」から引き剥がしてしまった以上、何らかの説明をつけなくてはいけません。そこで「世界精神」という非常に難しい概念を登場させたと考えると、少しわかりやすくなりませんか？

大陸合理論の箇所で少し触れましたが、スピノザは「あらゆる現象が神である」と汎神論を説きました。これは「神は手の届かない天にいるのではなく、この世のあらゆるところで働いているのだ」ということです。

スピノザはそこで神の人格を無視したので教会から批判されましたが、ヘーゲルはその「神の働き」を「それをやっているのは神ではない。世界精神だ」と、置き換えたんです。そして「その担い手も神ではない。私たち人類だ！」と言ったんです。

ヘーゲルが歴史の原理として弁証法を提唱した結果、世界はゆっくりですが大きく変わりました。**「人間が生きる舞台」にすぎなかった世界が、「それ自身が進歩するもの」に変わったんです**。もちろん、人間個人の成長や進歩という考えは昔からありました。しかし「世界が進歩する！　進歩している！」――この考えは非常にエポックメイキングなことでした。

「昨日よりも今日、今日よりも明日、世界はより良いものに変わってゆくのだ！そして人類も日々進歩しているし、しなければならないのだ！」——現代から見れば〝あたりまえ〟のような考え方で、どこかの自己啓発書にも書いてありそうなくらいですが、この考え方は元を辿ればヘーゲルから始まったもので、それ以前にはなかったんです。

「進歩」は良いことなのか？

この考えによって、世界は今日に至るまでに飛躍的な進歩を遂げました。今こうして僕が文章を書くのには、〝あたりまえ〟にパソコンを使っていますし、多くの資料はパソコンやiPadで参照できるようになっています。お腹が空けばコンビニに行って食べ物を買えますすし、その会計だってスマホ一つでピッとやれば終わりです。

この大きな進歩のバックグラウンドにはヘーゲルさんがいたんです。もしヘーゲルさんがいなければ、現代の世界はもっと不便なもののままだったかもしれません。

しかし一方で、ここからある一つの不幸が人類にまとわりつくことになりました。それは「進歩しなければならない」という強迫観念です。

「人間は、人類は、今のままではいけない！　進歩しなければならない！　停滞していたらダメなんだ！　今日と同じ明日じゃダメなんだ！」――ここまでこの本で紹介したどの哲学者も、そんなことは言っていないですよね。エピクロス派もストア派も「日々」を大切にするために規律正しい生活をしていたわけですし、まして「世界の進歩」なんて考えていません。

ヘーゲル以降、ゆっくりと人類は「進歩」という重荷を追うことになったんです。「進歩しなければ生き抜けない。現状維持は後退だ」なんて今日のビジネスの世界ではよく言われますが、それでプレッシャーを感じている人も多いでしょう。

と、功罪があるとはいえ、いずれにせよここから歴史の変化は加速しました。現代はかつてないほどその加速がついた時代です。昔の人からみたらとてつもないスピードで世界は変化しています。

このままさらに加速を続けたら、人間は「置いてけぼり」にされてしまうのではないか、もしかしたらもうすでになっているのではないか。そんな心配さえ覚えます。そもそもヘーゲルのアウフヘーベンという考え方は、本当に正しいのか。

本当に世界は「世界精神」の働きで動いているのか。そして果たして世界は本当に「進歩」しているのか。それはこれから検証されなければいけないのかと思います。

4-7

実存主義
――「わたし」を捉え直す

世界の進歩なんて関係ない！

弁証法は世界が進歩する原理として提唱されました。しかし、「世界の成長なんて興味ないよ！　なぜなら世界がいくら理想に近づいたところで、今ここにいる『わたし』にはなんの関係もないのだから！」と、ヘーゲルを批判する人たちが現れました。人間を「社会の構成員」ではなく、一人一人の「わたし」として捉え直そうという人たちです。この人たちの考えを「**実存主義**」と言います。

哲学史を学ぶと思想の主語がこのように「わたしたち」と「わたし」を行ったり来たりするんです。**大体、実践的で具体的な思想ほど「わたしたち」になりがちで、抽象的だったり概念的だったりする思想は「わたし」になりやすいです**。それは思想が実践的・具体的であるためには多くの人に価値基準が共有されなければならず、そのためには「目に見えるもの」を扱う必要があるからです。アリストテレスが「目に見えるもの」をメインに扱ったのも「プラトン先生は抽象的すぎる」と考えたからです。

一方で抽象的・概念的な思想は主に自分の思索の中でのみ生じるものですから、他の人と共有しにくいんです。アリストテレスの考えたことは実験や経験を通して正しいかどうかを判断できるのですが、プラトンの考えたことは実験や経験で検証することができません。

宗教的実存から神を肯定したキルケゴール

閑話休題。さて、最初の実存主義者と言われるのが1813年生まれの**セーレン・キルケゴール**という人です。「**世界なんてどうでもいいし、客観性なんかもどうでもいい。大事なのは『わたし』の『主観的な』真理だ**」と彼は考えました。

どれほど世界が良くなろうとも、「今ここにいる一度きりの私」には関係のないことです。そこでキルケゴールは「この私」がいかに生きるかを考えました。そして「この私」の生きる場を3つのステージに分類しました。

まずは、自分の欲望に従って好きなことを好きなだけする「**美的実存**」と呼ばれるステージです。世界のことなんて考えず「この私」の満足のみを考えるのであれば、このステージで生きれば幸せで安泰なはずです。

しかし、このステージにずっといると、そこで得られる満足はすべて自分の外部に依存しているものですから、やがてそこからは幸せを感じられなくなり「絶望」に至ります。どんなに豪華なごちそうだって毎日食べていれば飽きますから。

第2のステージは、周囲の人のためとか社会のためとかに、自分を尽くす「**倫理的実存**」のステージです。法も道徳も守り、あらゆる人に愛を尽くし、勤勉や禁欲など、人間に与えられたあらゆる義務に忠実である生き方、誰にも文句を言われない生き方。そんな生き方をする「この私」。

しかしこの生き方をすればするほど、「私」は人間の限界を知ることになります。すべての人に優しくあることは不可能で、すべての責任を背負うことも不可能です。人間は有限だからです。そこで、このステージでも人は「絶望」に至ります。

第3のステージは自分が有限で無力な者であると認め、神の前に立つ「この私」です。自分の弱さや愚かさを認め、三位一体の神やイエスの復活を従順に受け入れること、それを受け入れることで「この私」は「絶望」からついに解放されるのだ、とキ

ルケゴールは考えました。このステージを「**宗教的実存**」と言います。

と、いうと「最終的に神に従順になれなんて、それじゃ教会と同じじゃないか」と思うかもしれません。しかしキルケゴールが教会と違うところは「教会が言うことは正しいのだから従おう」とか「そういうものだから従っておこう」のような消極的な信仰ではなく、「この私」が「実存的決断」をもって、十字架と復活などの信じがたい事実を、主体的に承認するのだ、という積極的な信仰を提唱している点です。

神の前に立つのは教会ではなく、あくまで「この私」の問題なのだとキルケゴールは言うんです。

とはいえ、哲学を勉強する人の中では、「ここで神様が出てきちゃうのかよ、がっかりだよ」という感想をキルケゴールについて抱く人が多いのは確かです。また、この頃になるとカントの「道徳法則」とかヘーゲルの「世界精神」とか、哲学は**『神』という概念を使わずに世界のことを説明するスポーツ**」のようになってきています。そこに堂々と「神」を使ってしまうキルケゴールは、サッカーでハンドの反則をしてしまった人のような扱いを受けたりします。「手を使って得点しても無効」「神を使って哲学しても哲学じゃない」という感じです。

ですからキルケゴールは哲学史に残した貢献の割に評価の低い人物です。しかし、「神」が出てきてしまうところはともかく、「わたしたち」に持っていかれていた哲学の流れを「わたし」に取り戻したのはこのキルケゴールなんです。

「神は死んだ！」と宣言したニーチェ

これに対して「神は死んだ！」と宣言して、**「この私」が自分の力で力強く生きて理想的な個人、すなわち「超人」を目指すべきである！**と説いたのが1844年生まれの**ニーチェ**です。ニーチェの「神は死んだ」は「もはやキリスト教の神による価

値観は崩壊している」という意味です。逆に言えばニーチェの頃まではキリスト教の神による価値観がヨーロッパの支柱であったとも言えます。

ニーチェはキリストがひっくり返した数々の〝あたりまえ〟の転換を、再び元に戻そうとしました。キリスト教の説く「弱い人こそ幸せです」という価値観は、弱者の自己正当化にすぎず、それは弱者の強者に対する「妬み・憎悪・怨恨《えんこん》（ルサンチマン）」であるとニーチェは主張しました。

「人間の生き方は自分の力でもっと強く、美しくなれるし、ならなくてはならない」――ニーチェの思想は現代に至るまで多くの人の心を力強く揺さぶります。

人が強く美しくなるための原動力は「力への意志」であり、たとえこの世がぐるぐると同じことを繰り返す車輪のようなもの（永劫回帰）であったとしても、それをも肯定して（運命愛）生きるべきであり、そうすれば人はもはや未来を不安に思うことも、過去を恨めしく思うことも、誰かを妬んだり憎んだりすることもなく、子どものように「現在」を謳歌することができるのだ、そのためにはキリスト教的なルサンチマンを捨てることから始めよう！

と、ワクワクするようなことをニーチェは言います。少年漫画の主人公のような価値観です。「実存主義と言えばニーチェ！」と彼を研究する人が多いのも肯けます。彼の著作は小説や詩のようで読みやすいですし、読んでいるだけで力が湧いてくるような、そんなパワーに溢れています。

限界状況を肯定したヤスパース

キルケゴールもニーチェも「このままでは人間は**ニヒリズム**に陥ってしまうぞ」と指摘しました。ニヒリズムというのは日本語に訳せば「厭世的《えんせい》」ともされるもので、「世界が進歩しようとどうしようと、俺には関係ないんだからなにもかもどーでもいいや」

と諦めてしまうような状態です。
　そしてその指摘は的中し、産業革命以降、「世界」に置き去りにされてニヒリズムに陥ってしまう人が増加しました。マルクスの言う「阻害された労働」というのもニヒリズムの一つの現れだと言えます。工場労働の誕生により、生産という行為は「私がつくる」ではなく「私たちがつくる」に変わってしまいました。社会活動に「わたし」が埋没してしまったんです。
　そこで**ヤスパース**という人は考えました。
「社会に埋没してしまっている『この私』はいかにして『この私』に立ち返る

のか」「どれほど社会が変わっても、死・病気・飢え・迫害など、人間の陥る危機の本質は変わらない」「それらの危機（限界状況）に直面したとき、人は『この私』に立ち返る。立ち返らざるを得ない」「そして『この私』はその危機を肯定的に受け止めるべきである。そうすれば人は自らの有限性を超えた無限な者（超越者）の前に立ち、真に『この私』に至ることができる」

ここでまた「**超越者**」という神様っぽい存在が出てきました。西洋哲学はなかなかこういう「絶対的存在」から脱することができません。それは中世からずーっと「神」というそれを〝あたりまえ〟としていたので、「神抜きに考えよう」としてもなかなか「すべての中心や頂点に位置する絶対的な何か」を置かずにはいられないんです。日本人にはこの感覚がない、あるいは薄いので哲学を勉強しているときにこういう「絶対的存在」が出てきてしまうと「うーん、またよくわからないこれか」という感覚に陥ってしまうんです。

西洋哲学って、こんな風に、ある意味でひたすらずーっと「神」について考えている学問なんです。

ヤスパースの考えたことを要約すれば「今の世の中、社会に埋没して生きることは簡単である。しかし限界状況を経験することで、人は本当に人間らしく生きられる。その点で限界状況というのは人間にとって悪いものではなく、むしろ肯定されるべきものなのである」ということです。

そしてまた「わたしたち」の時代に

ハイデッガーは人間を「**死に向かう存在**」としました。日常に埋没してしまいがちな「この私」を呼び起こすのは、人それぞれ必ず一回、自分のものとして経験しなくてはならない「死」を前にする時であると。同時に、それであるから人を不安に陥れているのも「死」であると。その「死」をしっかりと引き受けることによってのみ、人は真に主体的になれると。

サルトルは「**人間は自由という刑罰に処されている**」と言いました。人間は自由すぎて苦しむのだということです。これは聖書に登場するアダムが禁断の実を食べたことを思い起こさせる言葉です。

しかしサルトルはもはやかなり「神ありき」の〝あたりまえ〟からは脱却した人で、

「神によってつくられた自分を見出すことがこれまでは良い人生に不可欠と思われていたけれど、そもそも神によってつくられた自分なんて存在しないんだから、それは見出しようがない。自分が何者であるかは神ではなく自分が決めることなんだ」と言いました。これを難しく言うと「**実存は本質に先立つ**」となります。

一方で「自分の在り方は自分で決めていいんだけれど、それは社会や人類に対して責任を持てる決断でなければならない」とも言いました。「わたしたち」から「わたし」への回帰で始まった実存主義も、ここにきて再び主語が「わたしたち」になってきてしまいました。

こうして20世紀はまた「わたしたち」の時代になりました。「わたし」の幸せや存在は後回しに、「わたしたち」の進歩が追い求められました。技術の進歩も社会制度の変化もみんな「わたしたち」のものです。

しかし21世紀になって再びニーチェの本がブームになったりと、また**「わたしたち」から「わたし」に少しずつ主導権が移っているのが現代社会**です。

第5章

現代の哲学は何を問題にしているの？

5-1

「わたしたち」とは何か？

効率だけを求めていいのか？

実存主義の「わたし」の潮流は20世紀になって再び「わたしたち」に奪還されました。「わたしたち」の名の下で、社会構造も技術も飛躍的に変化・発展したのが20世紀という時代です。「わたしたち」は社会を効率良く変化させるためには非常に有用な主語でした。その名の下で多くのものを共有することができたからです。

たとえば木の箱を一つつくるにしても、職人さんが手づくりすればそれは職人さんという「わたし」のつくったものですが、それを工場で効率化してつくるようになればそれは工場という「わたしたち」のつくるものになります。工場という「手段」も、木の箱という「結果」も、「わたしたち」の共有となりました。**産業革命以来の社会**

の効率化は「わたし」を「わたしたち」に置き換えることで進められたんです。

確かに「わたしたち」は「わたし」より効率はいい。しかし、「わたしたち」とはなんでしょう。**「わたしたち」とは無数の「わたし」の最大公約数です。多くの「わたし」の共通点の集合体です。つまり〝あたりまえ〟です**。

たとえば日本人にとっての「わたしたち」は「ごはんを主食として、葬儀は仏式でやり、家では靴を脱いで、ベッドではなく布団で寝て……」といった、「〝あたりまえ〟な平均的日本人」みたいなものです。その「平均的日本人」の生活のために便利なものや制度を「わたしたち」として想定していたのが20世紀の日本です。

しかしこの例なら「ごはんを主食としない」とか「葬儀を仏式でやらない」という人は「わたしたち」という〝あたりまえ〟からはみ出してしまいます。逆に、はみ出してしまうと効率的に生きにくくなるから、はみ出さないようにしよう、というのが日本の社会でした。「出る杭は打たれる」ってことですね。

これは日本に限らず、世界中で起こっていたことです。効率の良い社会をつくるために、効率の良い人間モデルを想定し、そのモデルに現実の人間を合致させる。大量生産大量消費の社会はこのようにしてつくり上げられました。その方法としてプロパガンダや教育やマスコミが用いられました。

しかし21世紀になって、その歪みが顕在化しています。「わたしたち」の枠に収まらない「わたし」が力強い声を上げるようになりました。たとえばＬＧＢＴＱ＋の人たちはそれまでの「わたしたち」の範疇《はんちゅう》ではありませんでした。「わたしたち」は「異性と結婚して子供をつくって家族を形成する人たち」だったからです。障害者も「わたしたち」ではありませんでした。「わたしたち」は「健康な体を持っている人」だったからです。

平均的って何？

同時にいわゆる「普通の」「わたしたち」自身も気づき始めました。「**わたしは『わたしたち』と違う**」と。たくさんの人の顔をコンピュータでモンタージュして「平均的な顔」を合成すると、なんだか現実味のない不気味な顔になります。「こんな顔の人はいないよね」となります。

同じように**「平均的日本人」なんて、どこにもいなかったんです**。「わたしたち」

という枠で完全にくくり込める人間なんてどこにもいなかったんです。「わたし」は「わたしたち」に無視され、置いてけぼりにされている、そんな感覚を多くの人が抱き始めました。

昭和の時代、日本では「一億総中流」と言われ、「『わたしたち』は普通である」とみんなが認識していました。しかし、バブルが崩壊し「失われた20年」も経験し、「わたしたちは進歩するのだ」という幻想が打ち砕かれると「**もはや『わたし』は『わたしたち』ではいられないし、『わたしたち』でいる意味もない**」ということになりました。かつては「わたしたち」であることで、ある程度の生活が、いわゆる「総中流」の生活が、約束されていましたが、現代にはそんな約束はもはやありません。

進化論というのもヘーゲルの考えから派生したものだと言えます。「わたしたちは進歩する」という考えの派生です。時代を経るに従って「わたしたち」はより良い存在になるのだという考え方です。

「現代は過去よりも優れている、そして未来は現代よりも優れている」――一見、明るい考え方に見えますが、実はそこに何の根拠もありません。確かに人間は過去の書物や技術の累積の力を借りることができますから、現代人は過去の人よりその点では有利ではあるかもしれません。

しかし一方でア・プリオリな「人間自身」は古代から何も変わっていませんし、「わたし」も変わることはありません。イエス・キリストが語りかけた「あなた（＝わたし）」は、現代のそれと何ら変わりませんし、プラトンやアリストテレスが考察対象にした「人間」も変わらないんです。**時代につれて変わったものは「人間がつくり出すもの」だけであって、人間自体ではないんです**。

哲学も時代によってさまざまな変化を遂げていますが、その中で変化しないものは、この本ですでに何度も言っている通り、聖書と、プラトン&アリストテレスです。どうしてこれらが変化しないかと言えば、それがア・プリオリな人間自体を対象としているからです。どんなに技術が進歩しようと社会が発展しようと、生まれてくる赤ちゃんの産声も姿も変わりません。子供たちが走り回る声も変わりません。それは人間自体が変わらないということの証拠です。

「わたしたち」と「わたし」の関係

社会主義も進化論と同じ流れの中にあります。**マルクス**という人は、「わたしたち」をとことんまで突き詰めた人です。もっと正確に言えば「わたし」を真に確立させるためにはシステムとしての「わたしたち」を徹底する必要があると考えました。そしてヘーゲルの弁証論により、「わたしたち」は進歩する、すなわち資本主義社会が社会主義社会へと進化する、そのときに真に「わたし」が現出する、そのように考えました。

実は**マルクス以前には「資本主義」という言葉はありませんでした**。自然に生きていれば「わたし」同士は競争しますし、富も蓄えますし、それによって地位も決まります。それをホッブズは「万人の万人に対する闘争状態」と呼びましたが、マルクスは人間のそういう一つの自然状態に「資本主義」という名前をつけて、「克服すべきもの」としました。ヘーゲル流に社会を変化させるには、あるテーゼに対して必ずアンチテーゼがなければならないからです。

つまり**ヘーゲル流に考えると、「対立」が生じなければ社会は進展しないということです**。それで20世紀の世界史は「社会主義vs資本主義」という巨大な対立が生じ、それは21世紀の今日でも解消されていません。

しかし現実に（少なくとも今日までのところ）社会主義に起こったことは極端な「わたし」の抑圧でした。社会主義により急速に巨大化した「わたしたち」に対して抑圧された「わたし」が立ち上がり、多くの民主化革命が起こりました。

それを「対岸の火事」としてみていた「資本主義陣営」でしたが、資本主義の中でも社会主義より急速ではなかったとはいえ、「わたしたち」による「わたし」の抑圧は起こっていました。その**抑圧された「わたし」の不満がさまざまな形で噴出しているのが現代ではないでしょうか**。人種の問題、障害者の問題、性別の問題、それは「わたしたち」に対する「『わたし』を返せ！」という叫びではないでしょうか。

「わたし」が弱い日本人

一方で日本人は、この「わたし」の意識が西洋に比べて弱いのかもしれません。日本人は「わたしたち」の意識が強いんです。そして、少なくとも西洋のようには「わたし」と「わたしたち」の思想上のせめぎ合いも起こっていません。時折、強烈な個性を持った「わたし」が現れたりはしましたが、全体として「わたしたち」を主語にする歴史を持っています。

その原因の一つは「あなた」と呼ばれる体験がなかったからです。西洋では「わたしたち」を「わたし」にするイエス・キリストによる「私が愛するのはあなただ！」というメッセージがありました。ところが日本にはそれがありませんでした。しかし

21世紀を迎えて、日本人も「わたしたち」から脱して「わたし」に目覚め始めました。**本来、「わたし」がなければ「わたしたち」はないはずです**。しかし人類はかれこれ随分長いこと、実際には存在しない、幻の、まやかしの、フェイクな「わたしたち」に従って生きてきました。

確かに人類は「わたし」だけでは生きていけません。アリストテレスは「人間はポリス的動物である」と言っていますし、聖書にも「人が一人でいるのは良くない」と書いてあります。ですから「わたしたち」は決して悪ではないですし、良いものでもあるのですが、その「わたしたち」はしっかりと一人一人の「わたし」に根ざしたものでなくてはいけません。

その**新しい「わたしたち」を模索するのがこれからの哲学の使命になるのかと思います**。「わたしたち」からの脱却は、つまり〝あたりまえ〟からの脱却であり、その意味では一億総哲学の時代が来ているのかもしれません。

5-2

相対主義と「分断の時代」

みんな違って、みんないい？

カントは『純粋理性批判』で、「人間の理性には限界があって、理性では理解し得ないものが世界にはあるのだ」ということを言いましたし、現代では科学分野でも「不確定性原理」とか「不完全性定理」と言って、「どうしてもわからないものがあるということがわかった」というような状況が生まれています。

ソクラテスから始まった「善とは何か」という追求も、現代では「どうやら、みんなが納得する究極的な答えには人間には至れそうにない」という結論が出つつあり、だからこそ現代では「価値観は人それぞれ」「みんな違って、みんないい」という相対主義の風潮が強まっています。

「みんなに共通な価値観なんて見つからないのだから、みんなそれぞれが自分の価値観で生きればいいい」という考えです。というより、**真理には至れないことがわかったから価値観は「人それぞれってことにしよう」というのが現代社会の一つの答えなのだと思います。**

ですから宗教についても「それぞれ自分の信じるものを信じて、それぞれに祈っていればそれでいい」ということになっています。この本を読んでいる方にも、これに賛同する方も多いのではないでしょうか。ソクラテスから2500年も経った現在、人の道徳はソクラテス以前のプロタゴラスの「人間は万物の尺度である」という言葉に還流しているのです。

みんなが納得する真理は存在するのか？

しかし、では本当にみんなが納得する「善」だとか「真理」は存在しないのでしょうか。それが2500年にもおよぶ哲学の結論なのでしょうか。それは少し違います。

現時点での哲学の結論は「善」だとか「真理」だとかに、「人間の力では至れない」

ということであって、その存在自体を否定するわけでは必ずしもないのです。

確かに「人間に認識できないのであれば、それは存在しないのである」と考える人もいます。しかし一方で「人間に認識できなくても、それは存在するのだ」と考える人もいます。

聖書には、神自身は人間には見ることができないと書いてあります。神というのは善であり真理でありますから、「完全な善や真理には人間は至れないのだ」ということが、聖書ですでに言及されているんです。ですから、中世のキリスト教を土台とした〝あたりまえ〟の世界では、人間に認識できるできないに関わらず、それはあるのだ、というのが定説でした。

キリスト教中心の世界から脱しようとしたカントをはじめとする哲学者たちも、そこに「真理」があることを大前提に思索をしていました。それ故に、そこに至るためのツールについて「帰納法だ！」「いやいや演繹法だ！」と論争にもなったんです。目に見える現実だけを考察の対象にするのであれば、そもそも帰納法も演繹法も必要ないわけです。たとえるなら「ここにダイヤモンドの鉱石が眠っているのはわかっている。だけど今持っているツルハシでは掘り出せない。だからもっとツルハシを磨こう」というような話です。

しかし、現代社会の一つの結論は「どうもツルハシではこのダイヤモンドを掘り出すことはできなさそうだ。というか、そもそもここにダイヤモンドが本当にあるのかさえ、定かではない」ということです。ダイヤモンドの存在を否定するなら、誰もそれを掘るツルハシについてなんて興味は持ちません。

「先進」を否定したレヴィ＝ストロース

この本の冒頭に「哲学とは〝あたりまえ〟学である」と書きましたが、近年の哲学は同時に「**メタ哲学**」と呼ばれ、それは「ツルハシ学」とも言えるものです。ダイヤモンドではなくツルハシについて考える学問です。

特に現代ではダイヤモンドの存在を前提にさえせず、ひたすらツルハシについて深く考えるようになっています。

ここでいう「ツルハシ」とは「思考そのもの」とか「言語」とかのことです。たとえばデカルトは「我思う、故に我あり」と「我」を大前提、ア・プリオリなものとして思索しましたが、現代哲学はその「我」をさらに分解し「我」とは何か、「我」とは何によって構成されているのか、と考えるようになったんです。

世の中がダイヤモンドの前提を否定したり、ダイヤモンドを軽視したりするようになったのは、歴史の上で言えばごく最近のことで、せいぜい19世紀以降のことですし、「神がいない」という〝あたりまえ〟が流行しているのは20世紀後半以降です。しかも現代でさえ、世界の人口比率でいえば「神がいない」と思っている人は少数派です。

いわゆる「先進国」に、そういう考えは強いですが、そもそも「先進国」ってなんでしょう。「自分たちは他の人よりも進んでいるのだ」というのはヘーゲル以降に生まれた進歩主義や、ダーウィンによる進化論によって起こった考え方です。

しかし、20世紀後半に活躍した**レヴィ＝ストロース**という哲学者はさまざまな文化を比較して、そこに「先進」も「未開」もないと結論づけました。**文化や人間が「未開」から「先進」へと進まなくてはならない、という考え自体が否定されたんです**。

そして「未開」の文化圏に生きる人の方が「神」を信じる傾向にあります。「先進」の人たちは「『まだ』神なんて信じているのか。遅れている」と考えるかもしれませんが、今や現代の最新の哲学潮流ではその「まだ」という考えの方がむしろ「遅れている」のです。

「言葉」の〝あたりまえ〟がひっくり返った現代

20世紀以降の現代哲学は「真理」そのものよりも、それを導くツールである「言葉」を重視します。**「言葉」は、表現手段や伝達手段である以前に、認識手段であるというのが現代哲学の主たる考え方です**。

「言葉」というのはこれまで、「それを発する人のものだ」というのが〝あたりまえ〟でした。話すにせよ、文章を書くにせよ、言葉はそれを発する人のものであるから、受け取る側はその意図を正しく汲み取らなくてはならない、という考え方です。キリスト教世界も、「聖書は神のことばだから、正しく理解しなくてはいけない」という〝あたりまえ〟の元に発展しました。

しかし、その〝あたりまえ〟も20世紀の哲学界ではひっくり返りつつあります。簡単に言えば「言葉」は受け取る人のためのものである、と。確かに、たとえば今僕はこの本を書いていますが、これを読む皆さんがこの本をどのように解釈して、どんな感想を持つかということについて、何もすることができません。どんな感想を持たれても「その感想を持ってはいけない！」なんて言うのは理不尽です。

つまり**世界は人が「何を発するか」ではなく、「何を受け取るか」で形成されている**ということです。これはともすれば「世界の在り方も正義も自分次第」ということになってしまい、世の分裂を招く考え方です。「好きなものを好きなように受け取ればいい」ということだからです。そして残念ながら実際にこの考えを元に世は大きく分断されつつあります。

どうしてこんなことになるのかと言えば、ダイヤモンドを掘るための道具だったツルハシ、すなわち言葉や論理が、ダイヤモンドを掘るという目的を見失ったために、お互いを攻撃する道具になってしまったからです。

近頃はネットの世界で「論破」なんて言葉をよく目にします。真理に至ることよりも相手を論破することが言葉や論理の目的にすり替わりつつあります。つまり、この意味で世界はいよいよプロタゴラスのソフィスト世界に戻りつつあるんです。中世の時代、人々は良くも悪くも「神」という同じ「ダイヤモンド」を見て、そのためにツルハシを振るっていました。その後、近世哲学によりツルハシが改良されましたが、現代になるとツルハシの改良が自己目的化して、ダイヤモンドを忘れてしまいました。ツルハシで何を掘れば良いかがわからなくなってしまったんです。

しかし、**人間は生まれながらに「ア・プリオリ」なものを、無条件に受け取っています**。それは「ダイヤモンドのかけら」と言うべきものかもしれません。人間は、それを受け取ることで存在がスタートするんです。そして人生も「受け取る」ことによって進んでいきます。数えてみれば人生には自分の力で勝ち取れるものは少なく、周りから受け取るものの方が多いものです。**まず、自分が生まれた時から持っているこの命、この体、これを自分の力で勝ち取った人はいないはずです。間違いなくそれらを人はア・プリオリに受け取っているんです**。

キリスト教では「数えてみよ主の恵み」とよく言います。確かに、与えられて受け取ったものはその人のものかもしれません。それをどう解釈するも自由です。しかしそれを与えてくれた存在がある、ということは忘れてはいけないと思います。買った本は自分のものであって、それをどう解釈しようとも自分の自由だけれども、それを書いた人は間違いなく存在するのだということ、受け取った命は自分のものであって、それをどう用いるのも最終的には自分の自由であるけれども、それを与えてくれた存在があるのだということは、忘れてはいけないことです。

その「与えてくれた存在」——もう少し砕けば「そこには人格を持った相手がいる

のだ」ということを忘れてしまうことによって、現代社会の分断が深まっているように思います。

コラム　「メタ」は難しい言葉ではない

「メタ哲学」というと難しい言葉のように見えますが「メタ」というのはテレビや映画や演劇の世界でも近頃よく使われる演出です。舞台の上の登場人物には、本来はそれを観劇している観客は見えませんしその存在も意識しませんが、それを意識しているようなセリフを言うことってありますよね。これが「メタ」ということです。

「考えている自分」には従来、それを観察する誰かはいなかったのですが、あえて「考えている自分を観察するもう一人の自分」を設定して、つまり自分を「主体であり同時に客体」であるとみなして、それに考察を加えるのがメタ哲学です。演劇や映画の世界ではメタ演出は一種のタブーです。

哲学においてもそれはしないのが約束だったのですが、近年は演劇や映画でもそれが多用されるように、哲学の世界でも多用されているのだということです。

5-3

さて、そろそろまとめ

哲学は「無限の広場」

後半に来るに従って、だんだんこの本も難しくなってしまったなと思っているのですが、そうなんです、**現代に近づけば近づくほど哲学は難しくなります**。この一冊の本だけで哲学全体を理解することはとてもできないですし、紙面の都合で「哲学史を記すならこの人は欠かせないだろう」という人に触れられないこともありました。

たとえばルソーについては触れていませんし、僕が個人的に大好きなパスカルやヒルティやアランにも触れていません。しかし、**それほど複雑で難解で広大な哲学の世界であるからこそ、「プラトン—アリストテレス」の軸と、聖書の軸の二本の軸で座標を構築すると、この世界がきっとわかりやすくなりますよ**、ということを主眼に書いてきました。
この二本の軸さえあれば、少なくとも実存主義までの哲学はわかりやすくなりますし、それ以降の哲学も、それらは実存主義までの思想を土台にしたり組み合わせたりして成り立っていますから、最終的にはわかりやすくなるはずです。哲学を学ぶ上で一番難儀なことは、「学べば学ぶほど自分が今どこにいるのかわからなくなってしまうこと」だからです。

しかし、だからこそ哲学なんです。**哲学は一本道で「進歩」する学問ではなく、広大な広場があって「このどこにいてもいいよ」という学問です**。日に当たりたくなれば日の当たるところに行けばいいし、涼みたくなったら木陰に行けばいい、そんな自由があるのが哲学です。

たとえばディズニーランドにはいくつものエリアがありますが、「最初はこのエリア、次はこのエリア……」と順番に回る必要はなく、そのときの気分で好きに移動して遊んでいいわけです。しかしその広場に何があるのかを把握するのには地図が必要ですから、その地図として「プラトン―アリストテレス」と「聖書」の二つの軸を提示したのがこの本です。あとはこの無限の広場で皆さん自由に過ごせばいいのだと思います。

たとえば、どれだけ過去の哲学者の思想に精通したとしても、自分で〝あたりまえ〟を崩したり、新しく提示したりする気がないのなら、その人はあくまで哲学史研究者であって哲学者ではありません。

せっかくの自由広場なのに、「この道から外れてはいけない」としがみついているのはもったいないんです。反対に、**過去の哲学者のことなんて何もしらなくても、〝あたりまえ〟について考え、崩し、創造するのなら、その人は哲学者なんです。**

「オーディエンス」ではなく「プレーヤー」になれ！

僕がこの本を書く前に思っていたことは、「哲学入門」はそんなわけで「哲学史入門」でしかないということでした。

過去の哲学者の思索をいくら辿ったり覚えたりしても、それはいつまでも哲学にはなりません。**稚拙でもいいですし、間違ってもいいですから、自分の説や、自分の切り口を大胆に提示しなくては哲学ではないんです。**

「提示する」と言ったって別に本を出版したり学会に発表したりなんてしなくてい

いんです。「自分はこう考える」ということをSNSだとかブログだとか、なんなら自分以外の誰にも読まれない日記にでも、書けばそれでいいんです。

そもそも、哲学に「正しい」はありません。それこそ最近の哲学の潮流によれば、哲学も「発する者のものではなく、受け取る者のもの」だからです。ですから間違うことを恐れることなんてないんです。

それよりも間違うことを恐れて何も思索をしないこと、世の〝あたりまえ〟に自分を埋没させてしまうことが、最も哲学から離れた姿勢です。むしろ「**間違った数だけ哲学者になるのだ**」くらいに思った方がいいんです。

日本人が哲学を苦手とする1番の理由は「客観的」でありたがるところにあるのかと思います。「客観的」というのは、いわばオーディエンスであるということです。ものごとには、オーディエンスではなく、プレーヤーにしかわからないことがあります。野球の解説者は元野球選手がほとんどです。野球というものに対して客観的ではなく、主観的に携わった人たちです。だからこそ語れる「真理」があります。

批判を恐れてオーディエンスでいたがるところに愛はありません。そして現代は他のどの時代よりもプレーヤーになる機会に溢れている時代です。何かをする人に心ない誹謗中傷を浴びせるのは必ずオーディエンスです。安全地帯から踏み出せば安易な

誹謗中傷なんてできないものです。オーディエンスではなくプレーヤーになることによって、相手もまた主観的なプレーヤーなのであるということを実感するからです。

「偏る」ことを日本人は嫌います。「自分を中立な立場に置いておきたい」という気持ちがとても強いのが日本人です。しかし「中立」というのは「何も言わない」というのと同じです。

「愛」というのは一種の「偏り」です。何かを大切にすれば、人は必ず「偏り」ます。中立なままで何かを愛するというのはできないんです。たとえば運動会で自分の子を応援しない人はいません。それは決して中立な視点ではありませんが、中立であろうとして自分の子を応援しないなら、きっとその子は愛を感じられないでしょう。

「顔のない世界」を克服するために

最後に近づいて、ここで思い切ったことを言ってしまえば**「罪なく名もないわたしたち」なんて存在しないし、それに甘んじてはいけないんです**。なぜならイエス・キリストが救おうとしたのは、あえて宗教的な表現を避けるなら、「罪ある、名もあるあなた」です。

「罪なく、名もないわたしたち」であろうとすること、そこに留まろうとすることは「誰でもない」を選択し、そこに逃げ込んでいることと同義です。つまり、それが「匿名」ということです。人は匿名である限り「誰でもない」んです。

我ながら、この本は明らかに「偏って」います。僕は「誰でもない」「客観的で」「罪なく、名もないわたしたち」として、この本を書いていないからです。明らかにキリスト教徒として、また一種の実存主義者、しいて言うならキルケゴールに近い有神論的実存主義者として、この本をＭＡＲＯという名前で書いています。
立場を明確にすると対立が生まれるというのは嘘です。むしろ立場を明確にしない「誰でもない」人が増えているからこそ、現代社会は分断しているのです。顔のないもの同士が「漠然とした敵」として相手を攻撃し合うからです。人間にはア・プリオリに愛があります。相手の顔が一人一人の人間として見えるなら愛も生じるんです。それが見えない**「顔のない世界」、これが現代社会の病理なのだと思っています**。

〝神は、実に、そのひとり子をお与えになったほどに世を愛された。それは御子を信じる者が一人として滅びることなく、永遠の命をもつためである。（ヨハネの福音書3章16節）〟

これは「聖書のメッセージを一言で要約するとすればこれ！」と言われるほど有名な聖句です。このメッセージと、それに伴うキリスト教の誕生こそ、哲学史上最大の出来事であると言って過言ではありません。これによって、この本で提示した哲学の縦軸が現れたんです。
そしてこのメッセージから、中世のキリスト教哲学が生まれ、それをさまざまな形で踏襲した近世哲学が生まれ、さらにそれをさまざまな形で踏襲した現代哲学が生まれたんです。こう考えると、哲学を学ぶ上で聖書を学ぶことは必然と言えます。哲学を学ぶのにイエス・キリストと十字架の出来事を知らないのは、戦国時代の日本史を学ぶのに織田信長と本能寺の変を知らないようなものです。

「でも、聖書を全部読む気にはなかなかなれない」という方も多いかと思います。そんな方もぜひこのヨハネの福音書3章16節の聖句だけでも心に刻んで、噛み締めていただき、このことばを信じるか否かが「哲学の縦軸」なのだとだけ覚えていただければ、それだけでも哲学の世界がグッと広がると思います。

おわりに

夢との再会

夢でした。夢だったんです。

あ、いえ、この本の内容が夢だったとか、そういういわゆる「夢オチ」の話ではないんです。夜に眠っている間にみる夢の話じゃなくて、「将来に向けて抱く希望」の方の夢の話です。

夢でした。夢だったんです。こうして哲学についての本をいつか書くことが。少なくとも高校時代に倫理の授業に夢中になった頃とか、大学で哲学にいったん絶望してしまう前までは。哲学に絶望して教会に通うようになってから、その夢はいつの間にやらどこかに行ってしまっていましたが、その夢がこうしてまた僕のところに舞い戻ってきて、そしてこうして実現したこと、とても嬉しく思っています。

まさに「神のなさることは、すべて時にかなって美しい」（伝道者の書3章11節）です。あのとき、絶望せずにそのまま自分の力で哲学の道を邁進していたとしたら、きっとこんな本は書けなかったでしょう。ああ、神様はこのためにあのとき、僕を絶望させたのだと、あれから20年経ってすっかりおじさんになったかつての若者は思うのです。

「夢を抱いたなら、それに向かって自分の力でまっすぐ進め」——これが現代の〝あたりまえ〟かもしれません。でもそれは決して〝あたりまえ〟ではないことを今僕はこうして体験しています。ずいぶん前からわかっていました。それが〝あたりまえ〟ではないことは。頭では。でも不安でした。本当にそうなのか、やっぱりそれが〝あたりまえ〟なんじゃないかと。でもこうしてこの本が出来上がったことで、その不安はすっかり消え去って、確信に変わりました。

もちろん「自分の力でまっすぐ進む」ことも、夢を実現する一つの道であることは確かです。でも、それは決して唯一の道ではありません。夢を抱いて、夢に絶望し、一度はその夢をすっかり忘れ、他の道を進み、そうしたら一度忘れた夢とばったり再会し、そしてそれが実現する。そんなルートだってあるんです。

なんだか、昔別れてしまった恋人とある日ばったり再会してみたら、ものすごく素敵な人になっていたような、そしてあろうことかその人と結婚することになったような、そんな感覚です。離れて歩んでいるうちに、夢があの時抱いていたよりもずっと素敵になって帰ってきたような、そんな感覚なんです。

そしてこの20年間、離れていた僕と夢をそれぞれ育ててくれていた存在、それは神様であると、僕は信じています。「*Work hard and Pray, then Everything will be as it should.*」これはボストンに留学していたときに師匠が言ってくれた言葉ですが、訳せば「一生懸命生きて、そして祈れ。そうしたら万事なるべきようになる」となります。一生懸命やっても祈っても、夢は必ずしも自分の思うようにはならないかもしれません。でも一生懸命やって祈っていれば夢はなるべき時に、なるべきようになります。

“あたりまえ”とは「希望」のことです

キリスト教が大切にする三つのもの「信仰・希望・愛」。哲学ってこのうちの特に「希望」についての学問だと思います。絶望とは希望の欠如のことで、不安とは希望が失われることへの恐れです。哲学はこの絶望や不安を根本から解消することはできません。それができるのは神様だけです。しかし哲学は絶望や不安に、どう対処したらいいかを教えてくれます。風邪薬を飲んでも風邪を根本的に治すことはできません。でも、風邪薬を飲めば体は楽になります。

現代は希望が失われてゆく時代だと言われたりもしていますが、僕はそれは少し違うと思っています。現代は古い希望が新しい希望に置き換わる時代です。自分が今まで抱いていた希望は確かに失われることもあるかもしれません。しかし神様はそこに必ず新しい希望を備えてくださっています。そして新しい希望を手にするには、古い希望は手放さなくてはいけないんです。だって人間には手が二本しかありませんから。

古いものを握りしめていたら新しいものを受け取ることはできませんよね。手放すことは怖いですが、手放せば必ず新しいものを受け取れる。このことを信じることがいわば「信仰」です。人間は何かを掴むことよりも、何かを手放すことの方に大きな勇気が必要になる生き物です。

20世紀から21世紀初頭にかけて、人類はたくさんのものを掴んで、というよりもむしろ強制的に詰め込まれて、生きてきました。でももう人類の両手はいっぱいです。このまま詰め込まれてきたものを抱え込んでいたら、新しいものを受け取ることはできません。古い〝あたりまえ〟にしがみついていたら新しい〝あたりまえ〟に至ることはできません。

ここまでこの本ではたくさんの〝あたりまえ〟という言葉が出てきましたが、〝あたりまえ〟って言い換えれば、「その土地、その時代の人たちが何に人生の希望を置いていたか」ということでもあります。つまりアリストテレスの三段論法で言えば「哲学は〝あたりまえ〟学である」「〝あたりまえ〟は希望のことである」「すなわち、哲学は希望の学問である」ということになります。希望は歴史上でも、人生の中でも新陳代謝を繰り返すものです。ですから今この時代、新しい希望を一つでも受け取ってほしいと思っています。

本当におわりに

この本を書くにあたり、とてもたくさんの人にお世話になりました。

いつもがっつり伴走して僕を書くことに集中させてくれるエージェントさん、編集さん、僕の拙い文章をきれいに直してくれる校閲さんをはじめ、印刷屋さん、運送屋さん、本屋さん、そしてこれを今、読んでくださっているあなた。言葉というのは受け取られて初めて意味が生じるものですから、あなたもこの本という「現象」に参加している当事者なんです。決してオーディエンスではなく、すでにプレイヤーなんです。皆様に心から感謝いたします。

そしていつも僕のために祈りを捧げてくださっている、渡辺俊彦牧師をはじめ上馬キリスト教会の兄弟姉妹に、相棒のＬＥＯＮに、感謝します。僕に最初に哲学というこの素敵な道を教えてくださった都立青山高校の（今はもう御在職ではないかもしれませんが）鳥山先生にも。

もちろん、この本に登場した偉大な先人たち、哲学者さんたち。この本では触れることができなかったけれど、僕に大切なアイディアをたくさん供給してくれる哲学者さんたちにも、最大限の感謝と尊敬を捧げます。

そして何より、あらゆることを成し遂げてくださる父なる神様に、子なるキリストに、聖霊に、最上の感謝と讃美と喜びを捧げます。主の栄光が地に成就しますように。アーメン。

それでは皆様、まことに名残惜しくはありますが。またどこかでお会いできることを祈りつつ。

主にありて。
ＭＡＲＯでした。

MARO（上馬キリスト教会ツイッター部）
1979年東京生まれ。慶応義塾大学文学部哲学科、バークリー音楽大学CWP卒。キリスト教会をはじめ、お寺や神社のサポートも行う宗教法人専門の行政書士。10万人以上のフォロワーを持つツイッターアカウント「上馬キリスト教会(@kamiumach)」の運営を行う「まじめ担当」と「ふざけ担当」のまじめの方でもある。クリスチャン向けウェブサイト「クリスチャンプレス」ディレクター。
著書に『上馬キリスト教会ツイッター部のキリスト教って、何なんだ？』(ダイヤモンド社)、『人生に悩んだから「聖書」に相談してみた』(KADOKAWA)、『上馬キリスト教会の世界一ゆるい聖書入門』(「ふざけ担当」LEONとの共著、講談社)などがある。

聖書《せいしょ》を読《よ》んだら哲学《てつがく》がわかった
キリスト教《きょう》で解《と》きあかす「西洋哲学《せいようてつがく》」超入門《ちょうにゅうもん》

2021年9月1日　初版発行

著　者　MARO（上馬キリスト教会ツイッター部）

発行者　杉本淳一

発行所　株式会社日本実業出版社　東京都新宿区市谷本村町3-29 〒162-0845
編集部　☎03-3268-5651
営業部　☎03-3268-5161　振　替　00170-1-25349
https://www.njg.co.jp/

印　刷／堀内印刷　　製　本／若林製本

ISBN 978-4-534-05873-7　Printed in JAPAN